# 黑白心理

## 溝通密碼 與 催眠治療

曾經有人陷入病態酗酒，成因竟源於童年親戚的善意訓斥。

沒有基礎的正向寬恕，其實在向事主傷口抹鹽。

專業催眠治療師綜合二十多年街頭觀察及臨床案例，分享實戰心理智慧。

## 第 1 章
## 起點 - 潛意識療癒花園



## 第 2 章
## 治療師的工具箱

## 第 3 章
## 個案分享

## 第 4 章
## 治療師的修養



## 第 5 章
## 瘦身與銷售

# 推薦序一

何爵天

初次認識 Sam 哥是在網上看到他的專頁《Sam 哥催眠治療手記》，作爲一個每天都要觀察身邊不同的人與事來作爲創作養份的我說，發現 Sam 哥的專頁眞是如獲至寶。Sam 哥以其獨特的視角和豐富的實踐經驗，打開大衆對催眠治療的大門，也令大家更了解一般都市人的各種心理狀態。

Sam 哥的文字豐有感染力，而且貼地非常，每個個案也充滿了戲劇性，生動非常，讓催眠和心理學不再是遙不可及的概念，而是我們生活中可以實踐的工具，特別是當中提及的銷售技巧，的確又實用又抵死。

可喜的是《Sam 哥催眠治療手記》終於結集成書，對於喜愛實體書的讀者如我確實是天大的喜訊，而且今次亦非常榮幸能推薦這本書。強烈推薦這本書給希望認識催眠治療的你，也強烈推薦這本書給希望改善自我認知、探索心靈的你。

# 推薦序二

陳美濤博士

【故事其實在弦外】

我喜歡寫故事，也喜歡看故事。於是，萬能的演算法，開始推送 Sam 哥的 Facebook 內容給我，閱讀他關於催眠治療的故事。作爲一個文人，他的文字多了幾分貼地，作爲一個催眠治療師，他的描述又多了幾分「佬味」。他常常分享一些做生意、銷售的道理，但他自己並不像一個生意人，甚至在催眠治療上，也爲自己訂下了「只做三次」的規矩。

在他描寫的故事中，你看不到流水帳式的描述，重點反而是，我們能找到什麼靈感，去改善自身的生活。故事的主角，其實不是案主，而是我，和正在閱讀這篇文章的你。我們每一個人，都有遇到問題的時候，怎樣去解除心結，調整信念，重啟自己的人生？答案人人都不同，甚至不一定是找 Sam 哥做催眠治療，但是，你總能在書中找到一些答案的靈感，那個獨屬於你的答案。

故事其實在弦外，在你的人生之內。我強烈推薦這本《黑白心理 溝通密碼與催眠治療》。

# 推薦序三

希比 Hebeface

我曾經懷疑自己內心深處有個「情緒堆填區」，那些不懂處理的、未處理完的情緒，都被不知不覺地推進去，從此封起了塵，無人問津。感謝《黑白心理 溝通密碼與催眠治療》讓我找到那條通往「堆填區」大門的鎖匙，把那些逾期已久的情緒好好整理！

# 推薦序四

Michelle 謝稀如
香港催眠及身心靈整合中心創辦人、前身心靈平台董事

催眠是了解潛意識、開啟自我療癒的重要工具，而這本書帶領我們通往這個奇妙世界。我見證了作者對催眠的熱忱與不斷精進的專業，並深知他將催眠應用於個人療癒與銷售實戰的獨到見解。書中內容簡單易懂，實操性強，不僅適合初學者，也為有經驗的催眠師提供新的靈感。相信您能從中找到啟發，並在催眠的旅程中獲得深刻的收穫！

# 自序

這是一本研究溝通和心靈治療的書。我們先談談溝通部份。

大多數人日常生活中最頻繁的溝通是甚麼？

推銷。

你每天向客戶推銷產品、對老闆推銷今年你需要加人工、向伴侶遊說爲何今晚吃意大利菜較壽司好。如果覺得這些很難，試試透過電話向陌生人推銷保險，那是推銷的修羅場。

最成功的銷售員未必雄辯滔滔，但是他們對於人性有一套見解，迅速掌握對方想法，建立信任，達到目標。我最初當上 cold call 保險經紀時沒有任何教學，只有不斷從實戰累積，開不到單就開不了飯。

爲了提升成功率，我開始鑽研心理學、催眠以及 NLP 這些學問，當然也爲了好玩。

後來涉獵到催眠的療癒部份，每個案主的情況，需要抽絲剝繭；爲何一個有酗酒惡習的人，成因竟是童年家長一句說話？爲何有些人情傷可以用工作化解，有些人卻不行？

當初做推銷工作，需要找出客人本身已有的慾望，協助客人自己說服自己，達成銷售。而催眠治療需要找出案主埋藏在潛意識的療癒力量，協助案主自己達成治療。兩者看似風馬牛不相及，背後原理一樣。

在我八年全職催眠治療師生涯當中，累積了逾千個案例，學員也有近三百多人。催眠治療其實萬變不離其宗，都是協助案主梳理情緒，找出心結源頭再加以處理。情緒是身體跟自己的一種溝通，掌握了情緒語言，生活上很多事情都能迎刃而解。

無論你希望增加推銷成功率、想了解自己情緒還是立志入行當一個催眠治療師，這本書中集合了我過去二十多年在不同行業的實戰經驗，相信可以成爲你一個有力的參考。

讓我們把椅子調好，放鬆身體，輕快展開旅程的第一章。

3

2

1

第 1 章

# 起點 - 潛意識療癒花園

# 催眠治療七個 yes and no

催眠治療不是令人進入迷糊狀態，反而是令人重獲清醒，尋回自己的力量。我們一般以爲的「清醒」，其實被很多雜念干擾。例如人際關係的糾紛、生活上的壓力、繁忙的工作等等。就像一杯水內很多沙石，當你不斷攪拌，水便會越來越混濁。催眠狀態下，這些沙石就會沉底，水就會越來越清晰，所以在催眠狀態下，反而很多人會想通一些平時想不通的事情。

(一) 催眠治療，並不是治療師去療癒你，而是啟動你情緒的自我療癒能力。

每一個人，也有情緒上的自我療癒能力。假如長期在情緒困擾也走不出來，往往是許多內在信念、價值觀，導致不斷內耗。而治療師的工作，是協助案主找出這些盲點，重新調整，協助案主啟動自我療癒機制。所以爲甚麼協助一宗個案，用傳統方法，可能動不動便要一年半載；而催眠治療，往往在三次見面，便可以產生成效。

(二) 催眠治療並不 100% 等同輔導。催眠治療與輔導，技術上有些地方是重疊的，方向卻大不同。傳統式的輔導，當然有其價值，而許多時在操作上，傾談的部份比較多。針對的，是潛意識的部份；而催眠治療，處理的是潛意識層面。人有煩惱時，爲甚麼往往聽很多人生道理、心靈雞湯，即使很明白，卻仍然走不出來？因爲只是針對顯意識；而情緒、心結，這些事情，是卻是潛意識的事。對症下藥，才可以眞正解決問題。

( 三 ) 催眠治療不是用來刪除記憶，卻可以將一些舊記憶重新定義，從而產生新的情緒。人遇上不快事情，就想刪除該段記憶。然而真正令人產生情緒的，並不是事情本身，而是對事情的定義。用新的角度看事情，人便可以有新的學習，從中吸取智慧。萬一下次遇到相同事情，便可以處理得更好。新情緒導致新的行爲模式，開啟新的命運。

( 四 ) 催眠不是用來操縱別人，而是可以重新成爲自己的主人。受許多影視作品影響，許多人以爲催眠，是將一個人引導至一個迷迷糊糊，任人擺佈的狀態。事實並非如此，即使進入催眠狀態，如果有些事情觸及事主界線，人也會立即清醒過來。就像人即使進入熱戀當中，萬一突然發生火警，也會懂得逃生。如果真的那麼容易操縱人，就每個催眠師，都跑去催眠李嘉誠了。（李嘉誠有很多保鑣哦？先將保鑣們都催眠囉！）

一些人們很嚮往，或者認爲自己已經失去的品質，例如信心、快樂、自愛，這些部份，其實從來都沒有失去，是每一個人與生俱來，存在於潛意識當中，別人亦無法奪走。只是隨着生活，已經逐漸忘記了。催眠治療，不是將一些你原本沒有的東西強行加諸你，而是將一些與生俱來，你渴望的品質重新啟動。重新找回自己最有力量的部份，重新成爲自己的主人。

( 五 ) 治療師並不因爲經常聽別人的不快樂故事，而吸收了對方的負面情緒，自己也變成負面。 假如你是一個健身教練，會不會因爲幫客人減肥，而吸收了客人的脂肪，自己變成了一個肥人？

當然不會。

這個問題表面看來很搞笑，如果認眞想一想。一個健身教練，如果眞的因爲接觸肥客人，而變成客人般肥胖，最大的原因，是因爲跟從了對方的飲食習慣和生活習慣。

一個催眠治療師又好、社工又好、臨床心理學家又好，如果你本身都很積極快樂，但接觸得多負面 client，自己也變得負面。唯一原因，是因爲你跟從了對方的思維模式。換句話說，你的思維框架建立得穩固的話，所謂負面客人根本無從影響你。你自己也有健康的運動和飲食習慣，無論你接觸的客人如何肥胖，你會無端端變成肥佬肥婆嗎？

(六) 催眠過程中看不看到畫面，不是用來釐定成功與否的準則。
很多人聽過別人的催眠經歷，說看到甚麼甚麼畫面，感覺好像很 Juicy。便有一種印象，認爲看到畫面才算成功。

其實是否看到畫面，完全無關重要。案主能否對某些困擾釋懷，才是最重要，看到畫面只是衆多個方法其中之一。當然，催眠治療當中的「成功」，也有很多不同的程度。

最理想的，是釋懷；萬一未能做到完全釋懷，能達到若干程度的舒緩，也是很好；卽使部份個案舒緩程度不是十分顯著，若能讓案主覺察到自己有甚麼模式障礙著自己，也算是一種收穫。

(七) 學習催眠，不需要對催眠有興趣。催眠只是一個工具，有些人透過學習催眠，是爲了入行做催眠師；有些人是爲了改善溝通技巧；

有些人是希望改善情緒；有些人則希望改善人際關係。十年前我學習催眠，是希望更了解人性，有助我的銷售工作。

正如上螺絲，需要一個螺絲批（螺絲起子），你卻不需要對螺絲批產生興趣，更不需要愛上它。

學習催眠，你可以對催眠有興趣，卻不是一個必須條件。眞眞正正要問的，是你希望透過學習催眠，替自己帶來甚麼裨益？

# 解開心結，處理情緒，萬事迎刃可解

大家有沒有試過以下情況？

你的朋友有人生困擾，你作爲好朋友，很想開解對方，說了很多人生道理、心靈雞湯之類，對方的反應是：「我知道呀 / 我明白呀，不過……（下刪 3000 字）」

對方理智上很明白很多行爲，正在破壞自己的人生。

無論是向男朋友發出奪命追魂 call、在工作上發脾氣、或者爲了減肥戒吃肥膩食物，理智上明明知道不應該繼續做，但情緒一到，那些行爲又無法自控地繼續。

情緒是很有趣的東西，可以成爲你強大的推動力，亦可以成爲你的主人，用你最討厭的方式折騰你。

首先，我們要問，情緒是甚麼？

簡單來說，就是人們對世間各種事情的心理反應。

很多人以爲，是事件直接導致情緒。例如，遇上無禮侍應，就必然會觸發憤怒；遇上危機，就必然會感到恐懼。

眞的嗎？

假設，你在街上遇上李嘉誠，如果你貪過癮，取笑他「死窮鬼」，請問他會不會感到自尊心受損？不會，他可能還會感到有趣，在心裏有潮州口音的自我對話：「哈哈，我都未笑你死窮鬼，你嚟笑我死窮鬼，眞係過癮。**(我還未笑你死窮鬼，你居然在笑我，眞有趣)**」

又或者想起對上一次被稱爲「死窮鬼」，已是幾十年前，很年輕的時候，令他懷緬當年很青春的歲月。如果剛剛有一個途人經過，聽到你那句「死窮鬼」，明明你不是罵他，但他感到很 hurt，爲甚麼？

很明顯，有些東西，你講中了他。

所以，事情並不直接導致情緒。中間還有一個很重要的環節，我們稱爲「解讀」。流程是：事情➡解讀➡情緒。

然後不同的情緒，又衍生不同的行爲；不同的行爲，又觸發不同的事件。這個循環，我稱之爲「命運」。

所以爲甚麼在催眠治療的角度，療癒一個人的情緒，就可以改變其命運。然而，是甚麼因素，決定了一個人對世事的解讀模式？

這些解讀模式，並不是一朝一夕誕生，而是日積月累而來。最重要的因素，是成長期經歷了甚麼，尤其是未被療癒的部份。成長期未被療癒的部份，有些人稱爲「內在小孩」，亦可以稱爲「心結」。

（八年前我開業之初，曾經想過用「理心結」來命名我的工作室，但似乎太搞笑，所以沒有使用）心結從何而來？大家可以參考一個關於心結的定義 —— 未完成的事（unfinished business）。例如，遇上騙財騙色渣男、被信任的好兄弟騙財、求愛被拒絕等等。這些事情，可能會觸碰了隱藏在潛意識之中，童年時被遺棄、被欺騙、被拒絕的痛處。

某一次在企業培訓當中，我講到這處，有一位與會者立即說：「阿 Sam 你玩嘢咩？騙財騙色嗰個渣男，都失咗蹤搵唔到佢啦。唔通要捉佢返嚟還錢兼道歉，先至可以解除心結呀？**(Sam 你在作弄大家了，騙財騙色那位渣男，早已失蹤找不到，難道要抓他回來還錢再道歉，才可解除心結？)**」

的確，很多人是這樣想。所以世上有不少人，糾結於無法改變的事情，糾結多年，仍然無法走出情緒困局。這是知其然，而不知其所而然。

眞正令這個人傷痛的，不是這件事本身，而是這件事在他心中代表甚麼。可能代表怪責自己信錯人、或者代表被否定、或者代表期望落空、或者代表不被愛。往往與自我價值被貶抑有關。

自我價值的建立，其實是基於童年，尤其零至六歲，一些內在需要是否被滿足有關。例如被愛、安全感、被聆聽、被陪伴、被欣賞、無條件的接納。

如果這些內在需要，在成長期不被滿足，未來幾十年，就可能會不斷向外求。自我價值就容易操縱在別人手上，遇上心地好的，情緒能量就會被你榨乾最後都怕了你；遇上心術不正的，就會用 PUA 技

巧 (PickUp Artist，泛指搭訕或情感操控 ) 來操控你。兩者都是傷人傷己。行爲是果，情緒是行爲的因，而心結是情緒的因。所以很多時人們強行改變行爲，例如戒酒戒賭戒遲到，而不處理情緒，很快又會故態復萌。強行改變情緒而不處理心結，就會倚賴短暫刺激，例如 shopping、吃喝玩樂，來獲得短暫愉悅，情緒很快又跌回谷底。

療癒心結，在潛意識層面之中，與自己的內在小孩和解。將肯定自我價值的來源，主導權放回自己的手上。締造對世事有新的解讀模式，衍生新的情緒，觸發新的行爲，開啟新的命運。至於怎樣和內在小孩和解，簡單的說，就是和內在受傷的那個自己，以不批判、不責備的方式對話。

對不起 —— 眞誠懺悔
請原諒 —— 尋求寬恕
我愛你 —— 無條件的接納
多謝你 —— 感激

這四句說話，如果未準備好對他人說，先對自己說也是好的。人的煩惱，大多數來自人際關係。但是，處理與任何人的關係之前，必先處理好與自己的關係。世上沒有任何一個人，與自己的關係很差，卻與別人的關係很好很健康。

即使有，也是假的。

# 前世回溯：這是報應嗎？

前世回溯是一種深度催眠手法，透過探索深層意識，協助事主處理一些積埋多時的心結。前世回溯是否眞的見到自己前世？我傾向相信是事主潛意識的投射，例如有些人會見到自己是外星人、神佛天使甚至蟲蟻鳥獸，我會探索對事主象徵的情緒意義，而不會深究這些是否事主眞正前世記憶。

有時在社交平台分享了前世回溯的個案，便會吸引一些網友查詢。部份會說：「我想知道前世係咪做咗啲唔好嘅事，所以今世咁坎坷。」

這種「前世做錯事，今世做亞視」的想法，我稱之爲「報應論」。

這種「點解咁坎坷」思維，並不能帶你走出坎坷，反而會強化你的坎坷。

正如，問自己「點解我咁窮（**爲何我這麼窮**）」，等同引導自己的潛意識，找理由將自己推向更窮；反之，如果問自己「點樣可以賺多啲錢？（**如何能賺多點錢**）」，即使未必能短時間內變得富有，也開始引導自己的思路，發掘新的可能性了。

就像問自己「點解我咁肥（**爲何我這麼胖**）」的人很少能成功減肥，問自己「點樣可以 fit 啲（**如何更健美**）」則相反。

一個是問“Why”，一個是問“How”。

我不主張報應論，因爲：

1. 避免引致不必要的罪疚感 ——「一定係我前世做咗好多衰嘢，所以今世不如意。(**一定是我前世做了很多壞事，所以今世不如意**)」

2. 避免爲自己的行爲找藉口 ——「我爭人錢唔還，都唔覺得有問題喎，一定係佢上一世欠咗我。(**我欠人錢不還，不覺得有問題，一定是他上世欠了我**)」

做前世回溯，正確態度是甚麼？

如果你相信有前世，你可以將每一世，當作是漫長靈魂之旅的每一站。每一世經歷的事情，都是讓你有機會去學習不同課題。

如果你不相信有前世，就當作是內在智慧給你的提示也可以。

正如夢境一樣，夢境是假的，然而夢裏承載着的情緒和訊息，卻是眞實的。

昨日爲一位年輕女士，做了一次催眠治療。

她告訴我，現時一邊工作，一邊讀書。兩方面都感到很大壓力，尤其是當感到一些事情無法控制時，壓力尤甚。

進入催眠環節初段的時候，我並沒有帶她進入前世畫面。只是引導她將意識，帶到人生最早期，第一次感到壓力的畫面 —— 尤其是當一些事情不能控制時，所產生的壓力。

她看到在五歲的自己，坐在一張轉動的椅上。由於個子很小，她感到不安全，而且很害怕。

然後請她想像成年人的自己進入畫面，去療癒童年的自己。這個叫「內在小孩」的技巧，只要按著步驟，對療癒成長創傷很有效，而且初學者也很易掌握。但並非今次本文重點，如各位有興趣，日後可以詳述。

完成了這個部份，案主的情緒開始紓緩。然後我帶她進入前世回溯的流程。

如上面所說，人有很多世，每一世有不同身份、不同經歷、有不同特質和性格，即是有不同版本的自己。

由於她今次要處理的，是在無法控制的事情之下產生的壓力，於是我請她想像，回到面對各種環境，也能淡淡定，平靜從容。

在這個畫面中，她第一身，看到自己是一個小男孩，坐在鞦韆上，玩得很開心。

即使鞦韆盪得很高，速度很快，小男孩也十分享受，覺得很自由自在。

這個景象，與剛才小女孩坐在轉動的椅上，感到很害怕，有很奇妙的共通點。同樣是坐在會動的物件上，一個是害怕，一個卻享受到快樂自由自在。

重點是用第一身的感官，以視、聽、觸、味、嗅（五感），去感受這種開心，而且自由自在的滋味。

單是看到別人輕鬆自在，和第一身感受輕鬆自在，有很大的分別。舉個例，老婆只是對你說「老公，辛苦了」，雖然感覺很好，如果再加上為你輕揑膊頭，並為你遞上熱茶，舒服感覺就會倍增。

套用 NLP 的術語，這叫做「更大幅度地觸動神經網絡」。她強烈感受到，原來自己也可以享受到快樂和自由自在。然後用一種叫做「心錨」的技術，像手機畫面截圖一樣，將這種自由自在開心的滋味，擷取起來，植入潛意識之中。

我再帶她去穿梭那一世不同年紀的畫面，加強那種面對不同事情，也可以淡淡定，輕鬆自在的感覺。去到某一個臨界點，這種輕鬆自在，已經與她融為一體，成為她不可被剝奪的內在資源。

前世回溯不是用來看報應的，而是你希望得到哪種內在資源，例如信心、勇氣、喜悅、輕鬆等等，就回到那一世，去支取並感受那種源源不絕，取之不竭的內在資源。

# 前世回溯會走火入魔嗎？

先說《大長今》之中一段小故事：
長今在朝鮮王朝宮廷負責饍食工作，有一次，大明國的使臣來訪。當時，朝鮮爲明朝的臣屬國，大明使臣出使朝鮮，自然應該受到盛情款待。朝廷上上下下都知道大明使臣酷愛山珍海錯，殊不知大長今呈上的卻是清淡的素食。

大明使臣覺得被藐視，大爲震怒。朝鮮王唯恐得罪大明使臣，也打算治長今的死罪。原來長今憑精湛醫術，看得出大明使臣身患消渴症（糖尿病），再吃肥膩食物有害無益。長今爲使臣健康著想，只願提供清淡食物。

後來誤會冰釋，使臣十分感激。當年在電視看過這故事，記在心裡，無論做銷售業務，或這幾年從事催眠治療行業，對我也很有啟發。

盲目地信奉「顧客永遠是對的」，可能是懶於思考的表現，更往往是不以對方最大利益爲首要。最近，我拒絕了一位客人。對方起初聯絡我時，只是問「做前世回溯幾錢？」

在我眼中，前世回溯只是一種技巧，用來爲人解除心結、療癒情緒的工具。雖然很 Juicy，我卻從來不以前世回溯去做賣點吸引生意，更無興趣用來導人迷信。

於是我問她，希望透過前世回溯處理甚麼？

「無呀，想睇吓我前世係點之嘛。( 無，想看看我前世甚麼模樣 )」

如果沒有特別事情想處理，純粹滿足好奇心的話，隨便找個相士，或者在坊間買一份《三世書》便可以，所以我婉拒了她。

「其實都唔係無嘢想處理嘅，我情路上唔係幾如意，同埋我成日都俾人情緒勒索，我想知原因。」

剛才又說沒有事情想處理，現在又說有。都已經求助了，還不肯直接講出求助原因，其實是爲自己自製冤枉路。

假設你去一家英語課程機構查詢，人家問你希望透過進修英語，幫助自己甚麼，如果你回答「無呀，學吓之嘛。( **沒甚麼，學學而已** )」，人家便無法針對你的需要去協助你。

究竟你學英語，只是爲了應付幾天的旅遊？爲了做生意？爲了移民？爲了煲劇不用看字幕？分別可大了。

原來你學英語，是爲了上法庭用英語自辯卻不說，到時人家提供的服務解決不了你的問題，你可以怪誰？豈不浪費了自己的時間金錢？

於是我問她：「你希望下次遇到情緒勒索，用更健康理想嘅身心狀態去應對？」

「我想知前世我係咪做咗好多衰嘢，或者係我欠咗呢啲勒索我嘅人。**( 我想知前世是否做了很多壞事，或者我欠了這些勒索我的人 )**」

於是，我就決定這個 case 不可以接，起碼現階段不可以接，如果她仍堅持這個 mindset 的話，即使強行去做，對她來說也不是好事。

人的 mindset，就像一塊濾鏡，戴著甚麼濾鏡看世事，便會得出得甚麼結論。我敢保證，她抱持著這個 mindset，無論在催眠畫面中看到甚麼，腦中都會解讀爲:「唔怪之得佢咁對我啦，係有原因嘅！**（怪不得他這樣對我，原因是這樣！）**」

人性是很奇怪的，有了既定立場的話，無論看到甚麼，腦內都會得出相同結論。我曾經有一位女同事，她時不時會在公司 pantry 發表她對老公的憂慮：

「佢呢排咁攰，都唔知出面係咪有第個！**（他近來很疲倦，說不定外面有小三）**」、「佢呢排神彩飛揚咁，都唔知出面係咪有第個！**（他近來神彩飛揚，說不定外面有小三）**」、「佢呢排對我咁冷淡，都唔知出面係咪有第個！**（他近來對我冷淡，說不定外面有小三）**」、「佢呢排對我咁好，都唔知出面係咪有第個！內疚吖嘛！**（他近來對我好，說不定外面有小三，他內疚）**」

事實上，我讀中二那一年，都有類似思維模式：

「個女同學成日對住我笑口噬噬，你慌唔係鍾意我咩？**（那位女同學對我笑意盈盈，肯定是愛上我）**」
「個女同學成日對住我黑口黑面，你慌唔係鍾意我，想引我注意咩？**（那位女同學對我擺臭臉，肯定是愛上我，想吸引我注意）**」

「個女同學成日望住我，你慌唔係鍾意我咩？（**那位女同學經常望着我，肯定是愛上我**）」

「個女同學成日唔望我，你慌唔係驚俾我發現佢鍾意我咩？（**那位女同學經常不望我，肯定是愛上我怕我發現**）」

看！人腦就是這麼奇怪。

如果上述那位事主，她做催眠治療，是希望成爲一個更有信心面對人際關係挑戰的人、希望重奪情緒主導力的話，這種 case 我很樂意做。

但事主如果只想合理化自己的不幸，找理由去說服自己不能改變，我就不想參與了。所以我請她先好好釐清自己的意向，才決定下一步怎麼走。

如果大長今只爲滿足大明使臣，而提供大魚大肉山珍海錯，雖然可以討好對方，卻會令對方健康更加惡化。

如果我順著那位事主的意思去做，雖然可以做多一單生意，也可以滿足「顧客永遠是對的」，卻會加深事主的無力感，令她日後更難走這條離苦得樂之路。

有所爲有所不爲，就是這個意思。

# 酗酒九年因爲童年？

很多時候，一些案主因爲上癮症向我求助。有時是想戒酒、戒賭、戒購物癮，不同類型都有。

其實，我們每一個人，或多或少也有一些上癮症。有些人對講是非上癮、有些人對普洱茶上癮、有些人對打機上癮，林林總總。

每一種上癮行爲背後，都因爲某些心因未被滿足。

坊間很多針對戒除上癮症的療法，很多時只是針對行爲，而沒有處理行爲背後的心因。

只針對行爲的話，縱使「成功」戒除了某種上癮症，也會出現上另一種癮去補償。

例如戒了購物癮，之後卻換成爛賭。

而一種上癮症背後有甚麼心因，可以完全風馬牛不相及，有時聽起來會以爲完全無厘頭。

這一次的案主，是一位人緣甚好的女士，已經有九年的酗酒問題。最嚴重時，一星期起碼有三次，會「飲到啤啤夫（**醉如爛泥**）」、「斷晒片（**醉後失去記憶**）」。

試過酒後鬧事，也試過當面將公司高層罵個狗血淋頭（當然很多人會覺得很爽），事後完全無記憶，嚴重影響健康、工作、以至家庭生活。

面談的時候，她在言談之間透露，經常也會因爲一些雞毛蒜皮的小事，去怪罪自己，覺得自己不夠好。而且非常渴望得到他人的認同和肯定，有時爲了令別人覺得她是好人，會想盡辦法去滿足他人的要求。縱使那些要求，有時並非她的能力範圍，也非她的應有責任。

不懂 say no，既養成別人的奉旨心態，做不到時，又會怪責自己。

很有九型人格之中，2 號 ( 付出型 ) 的影子。

在朋友眼中，她一個很好的聆聽者，簡直是完美的衆人樹洞。朋友每逢不開心，便會找她傾訴。朋友要借酒消愁，縱使不情願，也會陪朋友喝。朋友需要找酒腳，又會找她去戥腳，她又不會拒絕，久而久之，養成了很深的酒癮。

我以催眠方法，帶她進入童年回憶之中，尋找她覺得自己不夠好的片段，搜尋需要滿足他人要求，才可以肯定自己價值的源頭。

原來在許多許多年之前，她當年還很幼小。當時她的媽媽非常之忙，有時隔了很多日子，也未必能見一面。

年紀小小的她，當然很渴望有媽媽陪伴。

當時受媽媽所托去照顧她的阿姨，告訴她：「你係都要你媽咪陪你，你會好阻住你媽咪㗎。**(你堅持要媽媽陪，你會阻礙她做事)**」

這句語帶責備的話，就深深植入這小女孩的腦海中。長大後，變成經常無緣無故怪責自己、終日唯恐別人不高興、也不敢表達自己意願和需要。

於是，我帶她和童年的自己（內在小孩）和解，也解除了那位阿姨對她的影響。

更重要的，是紓解了她對母親的複雜情緒糾結。將這些心結逐一解開，她感到了釋懷。放下重擔，人也輕鬆了。長達九年的酗酒問題，遠因竟然是多年之前，一個大人不經意的一句說話。

所以各位大人，你們平時對小孩講甚麼說話、做甚麼行為？播下了甚麼種子？

# 潛意識的保護機制

有時接到一些查詢催眠治療的網友，很想去療癒情緒，卻有一個顧慮：「會唔會令我記返起啲唔想記得嘅嘢㗎？**（會否令我想起我不願想起的事）**」

其實他們真正擔心的，並非記起某些事，而是害怕記起了但無法承受那個傷痛。

甚至偶然有些案主告訴我：「我情緒好困擾好苦惱，但我未 ready 去處理。」

他們想情緒變得好一點才去處理，其實是雞先蛋先的問題。情緒太困擾所以不敢處理，待情緒好一點又覺得不需要正視；不正視的情緒，累積到某個臨界點，又會跑出來折騰你；然後又覺得太困擾不敢處理。

2月21日 15:30

催眠過程中既感覺好似平時朝早個人精神醒左,但身體未醒郁唔到咁, 但意識好清楚, 我自己既 Experience 係我好快番到去一個自己人生好 critical 既位置, 令我理解到好多我自己一直都有少少唔明自己點解會有某種古怪既諗法或者傾向, 見番當年既事件一次過解釋哂, 而我都釋懷左知道自己同媽咪係會有分歧 咁就自然令我自己睇開左好多, 係催眠後我再同媽咪相處先發現佢有好多日常佢唔為意但其實我會介意既野 我依家自留意到原來我會介意, 搵到起因令我無左之前酗酒果種莫名既口乾感 我其實由年廿九催眠直到今日, 我都無再醉過, 都差不多一個月了, 竹我 2011/2012 年後開始 無試過咁耐無醉

Sam 哥 想多謝番你果次幫忙 我直到今日都無醉過酒 可以正常交際 happy hour 食飯飲野 touchwood 都一直控制到 😬 就算自己一個屋企飲都無再追酒 只係輕飲過下口癮 好大進展 我老公都好開心 最近我都鼓起左勇氣同媽媽講左我睇心理醫生處理酗酒問題 我地黎緊會搵一日兩個人食飯傾下 多謝你 拯救左我人生同我個肝 🤣

知道你有咁大進展，我都好開心

恭喜你

周而復始無限 loop。

在眞實的催眠治療中，其實會怎樣？這裡先說一個故事。

在我入行第三年的時候，有一位女士聯絡我：「我想處理被男友拋棄嘅傷痛。」

見面時，如往常一樣，我需要了解她的成長背景。

「我中五嗰年趕走咗我老豆，不過呢單嘢我完全無記憶。趕走老豆呢單嘢，只係我阿媽同啲細佬妹同我講返，而我係乜嘢印象都無。我記得嘅，只係我中五嗰年之後，老豆就無再返過嚟。」

**（我中五那年把爸爸趕跑了，但此事我完全沒有記憶，只是媽媽和弟妹跟我覆述，我印象全無。我只記得中五那年後，爸爸就沒有回來）**

她雖然記不起這件事，其實沒有忘記。由於這件事，她只是順便提起的性質告訴我，並沒有特別要求處理和父親的關係。所以第一個 session，我只集中處理她被分手的憤怒、不甘心和委屈。

完成後，感到輕省了許多。我約她一星期後見面，做第二個 session。

未等到一星期，只隔了兩三天，她就聯絡我：「我記得返當日點樣趕走我老豆啦。**（我想起當日怎樣趕走爸爸）**」

爲甚麼我沒有直接處理她和父親的關係，她幾天後卻記得與父親發生的事？

潛意識是很有趣的一回事，其智慧遠比我們想像中高得多。當一個人，未 ready 承受某件事帶來的傷痛，潛意識就會不容許你記得，這是一種保護機制。

當那位案主完成了第一個 session，某些情緒經已緩和，那些事情重新記起，即代表你不但有能力承受，亦代表潛意識提醒你，是時候要處理了。

我曾將這個案例和學員分享，同學隨即問：「如果有啲令我好苦惱嘅記憶，我無法自主地不斷記起呢？（**如果有些記憶令我很苦惱，我不由自主地想起呢**）」

我：「即係你個潛意識不斷拍你門：『喂老細！呢單嘢係時候要處理！唔好等啦！』(**老闆，這事要處理了，不要等啦**)。」

# 爲何我只做三次催眠治療？

有時，有些朋友會問我爲案主做催眠治療，通常要做幾多次？

通常，不會超過三次。

朋友會很愕然，爲甚麼不是十次八次，甚至長年累月的做下去？

我不想案主對我產生依賴心態。

三次之後，我希望那位案主好好感受自己的改變、好好運用自己重新得到的力量。如想再找我幫忙處理其他課題，可以，但請沉澱一下，起碼隔三四個月之後。如果純爲利益爲生意，當然依賴我就無得頂啦，最好對我上了癮，見不到我就口水鼻涕直流啦！不是嗎？

但是，這樣會對案主毫無幫助。

催眠治療，目的是爲案主解除心結、療癒情緒、調整信念，重新成爲一個有力量、有信心，亦都樂於爲自己生命負責的人，開展人生新的一頁。

案主未見我之前，可能他們的心靈寄託，是依賴了前度情人、名利、三姑六婆觀感、賭癮等等，令自己困擾不堪。

如果我爲他們做的，只不過是將他們的心靈寄託，轉移到我身上，而我告訴他們：「你已經好了」，這不但對他們沒有幫助，反而是害了他們。會使他們愈來愈空虛、愈來愈失去力量。

我不需要盲目的信徒，有如追捧偶像般追捧我。如果你只想課金，找一個偶像來崇拜，將你的心靈寄託，放在這個偶像身上，而不打算爲自己人生負責任的話，sorry，我不是你要找的人。

# 催眠治療：望聞問切

日前，在催眠班之中，爲一位同學做情緒轉化，她之前也讀過坊間其他機構辦的催眠治療課程。

歷屆也有許多學員，曾經在外面讀過許多同類課程。當然，每一家機構、每一位導師，都有不同的教學風格、不同的優點和強項。

而我發現，部份這類同學，招式技巧學了一大堆，而對於眞眞正正做一個 case，卻束手無策；面對一個活生生的案主，有「老鼠拉龜，無處埋手」的感覺。

更遑論晉身催眠治療行業，從事解人心結的工作。原因有很多，其中一點，就是不重視 pretalk。pretalk 是指案主來到治療室之後，正式進入催眠環節之前的面談。

許多治療師，只視這個過程是爲了「套料」。所以投放的時間很短，有些 10 分鐘，甚至只用 5 分鐘就完成的，也大有人在。

即使 NGH( 美國國家催眠師公會 ) 的官方課本，提及 pretalk 的篇幅也少之又少，這也是我爲甚麼不跟隨官方內容去教的原因。

其實「套料」只是 pretalk 衆多功能其中之一，也只是一小部份。要做的事還很多：

1. 紓緩案主狀態

案主可能剛剛放工趕來，又或者日間工作已經令他又疲倦又煩躁。怎樣做，才令案主來到你的治療室，有放鬆和安全的感覺呢？

2. 建立信任

案主付出時間與金錢來見你，理智上知道要信任你。但可能只不過透過朋友介紹，或者你的網上文章認識你，始終第一次和你見面，如何令案主願意對你放下心防，甚至將難以啟齒的事告訴你？（如果案主有些往事真的不願提及，可以怎樣協助案主解除心結，另文再講。）

3. 讓案主有機會盡情傾訴

許多人一生之中，當心中有鬱結的時候，往往都未必有一個能夠暢所欲言，好好傾訴的機會。面對陌生人不敢講，面對熟悉的人，因爲各種千絲萬縷的關係，更不方便講，治療師做樹洞的角色便很重要。

4. 梳理案主的思緒與情緒

案主既然需要約見治療師，可能正在陷入一些困擾中走不出來。一些在坊間上過許多個人成長 / 心靈激勵課程的治療師，往往就會犯一個大忌：就是以說教口吻，講一大堆心靈雞湯式的人生道理，來向對方教誨一番。而事實上，今時今日這些心靈雞湯、人生道理，無論從網上、從三姑六婆口中，眞是要幾多有幾多。如果有效，就不需要來見你了。

我們要做的，是透過提問，爲案主好好梳理思緒與情緒，協助案主尋找到情緒的出路。而非一味單向地告訴案主應該怎樣、不應該怎樣。

5. 搜集資訊（套料）
一般人以爲需要搜集的，只是一些「顯性資訊」，例如家庭狀況、婚姻狀況、工作狀況等，其實更重要而容易忽略的，還有「隱性資訊」。

例如：
案主的表達模式 —— 特別著重甚麼、迴避甚麼？
思維模式 —— 怎樣看世界、怎樣看自己？
情緒模式 —— 案主的痛點在哪、遺憾在哪、觸發點在哪？
所以在我眼中，非常重視 pretalk。pretalk 做得好，之後進入催眠環節，即使稍有甩漏，影響也不大；然而如果 pretalk 做得不好，即使催眠環節做得多麼完滿，因爲基礎不穩，效果也會大打折扣。

一個pretalk如果做得好，案主的情緒困擾，可能已經舒緩了一大半。中醫講究「望聞問切」，不懂得做 pretalk 的話，就像藥材藥性學了一大堆，卻不懂把脈、不懂觀察病人、不懂和病人溝通、不懂斷症，試問你又怎會有信心行醫？如何可以對症下藥呢？

聆聽今次的學員的故事，她對世事許多憤憤不平，包括對自己的遭遇，也涉及對社會不公的義憤。坊間部份治療師，爲了令案主有另一角度看事情，會不自覺地爲案主眼中的加害者講好話。例如「你父母都係愛你，不過唔識表達之嘛（父母都愛你，只是不懂表達）」、「某某高官其實都係打工，佢都唔係想爲難你嘅（某某高官只是辦事，他不想留難你）」。原意可能想爲案主減輕傷痛，然而在案主未 ready 之下，這類語句聽在案主耳裡，就有可能變成風涼話，覺得你站在對立面否定他。

所以無論 pretalk 或已經進入催眠環節，也要不斷試水溫，要尊重案主的感受和進度，不可心急。其實治療師需要做的，是協助案主找出情緒出路，而非扭盡六壬，去說服對方「其實佢都係爲你好 (**其實他爲你好**)」、「其實阿邊個邊個都係有苦衷 (**其實某某都有苦衷**)」。

在 pretalk 的過程中，我留意到她有宗教信仰。過往的經歷中，每當有不如意時，便會有一種自憐自傷的模式；而每當順風順水時，便會將功勞歸於自己。

人性有時便有這個盲點，順境時的自信，並非眞的自信。投注站或者股票市場之中，贏錢時自吹自擂的人何其多？逆境中，經歷考驗時，仍能不亂陣腳，沉著應戰的，才是眞正的自信。

於是我在催眠環節中，先引導她與受傷的自己和解。然後邀請她代入她心目中那位「天父爸爸」的角色，容許祂的女兒來到世間經歷這些，是希望她學到甚麼？

用這個新視點看事情，她發現看到了許多過往忽略了的寶貴智慧，讓自己不再自困。

第 2 章

# 治療師的工具箱

# pretalk 的實戰應用

今屆催眠治療師課程同學非常勤力，昨晚回來練習。

看見他們認眞好學的態度，我也大感安慰。

學了的東西，必須反覆練習，直至得心應手，那些東西才算眞正屬於你。否則聽完就算，猶如水過鴨背，縱使學了再多的東西，上了再多的課程，也是浪費時間和金錢。

昨晚他們主要練習的，是 pretalk，即是催眠治療之前的面談環節。治療師透過傾談，協助案主理清思緒和情緒，並且探索表象底下的核心癥結。同學們 role-play，流輪飾演治療師和案主。

雖說是 role-play，我也希望他以眞實的課題來做，否則無法學到甚麼。飾演案主的同學提到，她很怕鬼，希望處理這種恐懼。

飾演治療師的同學，努力問了許多問題，感覺都像隔靴搔癢，捉不到問題核心。有種「老鼠拉龜，無訂埋手」(**無處可著力**) 的感覺。

我在旁觀察，給了一些提示。無論一位案主，提出要處理的事情，是多麼的抽象，或多麼的具體，也可以問以下幾個問題，來搜集資訊：

1.「呢個情況出現 / 察覺咗幾耐？(**這個情況發生了多久**)」
2.「可唔可以舉一個最深刻嘅相關例子？(**可否舉一個最深刻的相關**

**例子)**」
3.「呢個情況，對你生活有咩影響？(**這情況對你生活有何影響)**」

從案主對上述問題的回應，可以得出許多線索。

甚麼線索？

請大家緊記以下定律：
人類對一些事情，產生某種情緒，其實不是基於那件事情本身，而是基於那人腦海之中，那件事情背後所代表的東西（即是信念）。

而情緒，就是信念引起的連鎖反應。

例如，許多催眠治療師要爲案主處理金錢課題，其實是要處理他腦海中，對金錢有甚麼障礙性信念。大部份人口裡都說想賺錢，但內在信念卻背道而馳。

假設，治療師在與案主的互動中，了解到案主在信念系統裡，原來金錢代表貪婪和俗氣（電視劇中的有錢人都是壞人）、我不值得擁有財富（和自我價值有關）、關係崩壞（從小目睹家人爲錢爭吵）。

這些隱藏信念，便會阻止案主追求財富，或是一有機會問鼎財富，便會做一些自毀長城的行爲。治療師便需對症下藥，逐項調整，然後植入新信念。

將財富重新定義，例如選擇權（自由）、更有能力助人（愛與關懷）、祝福（靈性層面）。

簡單來說，爲案主處理任何課題，無論是情傷、家人關係、自我形象，都離不開要顚覆案主對該項事情的固有信念。

在平常傾談之中，較難顚覆固有信念，因爲是顯意識層面的活動，在催眠狀態之下便可以了。

這便是情緒治療的框架。

許多朋友在坊間上了同類型課程，招式技巧一大堆。實戰時，卻不知甚麼情況下，應該用甚麼招式才好，往往是因爲搞不通這個框架。

同學了解這個框架之後，便可以對症下藥，顚覆練習拍檔對鬼的定義、代表的東西，與及改寫所引起的連鎖情緒反應。

昨晚的結果，最後我們講到鬼時，大家都開懷大笑。

# 性格工具學來做甚麼？

每一個人都渴望了解自己，小時候看八卦雜誌，第一時間翻開的欄目，就是心理測驗。現在看來，當年那些「心理測驗」固然十分兒嬉，但也趣味盎然。近年也十分流行各式各樣的性格分類方法，由星座性格，到九型人格、MBTI、DISC，林林總總。

今時今日，人們都「我 I 型人」、「我 7 號仔」琅琅上口，其實最需要問的，是最基本的問題 —— 這些性格工具，究竟學來做甚麼？

我們姑且將這問題，分爲兩部份：
1. 對別人
2. 對自己

先講對別人，早前與友飯聚，談及九型人格的學問，究竟如何對不同性格的人，無論人事管理、銷售，或者一般相處，採取甚麼溝通方式會最有效。

其中一位，突然面有不屑地說到：「咁咪即係見人講人話，見鬼講鬼話囉！」

可能他認爲，對不同的人，應該採取劃一的溝通方式，否則就是虛僞。

他當然可以有他的觀點，而在我的理念中，學習這些性格工具，是用來將心比心，善待他人。我們可以用同一條鎖匙，去開不同的門嗎？

與一些很心急的人溝通，如果太執着細節的話，對方可能會覺得你婆婆媽媽；對一些很著重感受的人，如果太過直接的話，就可能傷了大家感情，影響關係。

所謂甲之蜜糖，乙之砒霜，不同的人有不同的內在需要和感受。對所有人都鐵板一塊的話，可能只是缺乏同理心的表現，甚至可能是思考上的一種懶惰。

至於對自己，這些性格學問，亦可以用來了解自己的特質。了解自己愈透徹，便能更加可以發揮到自己，亦可以修補自己短處。例如我作爲九型人格之中的 7 wing 8（夢想型 + 領導者），了解到自己強項，是在團體中帶動氣氛。亦能夠將原本沉悶工作，發掘樂趣。

這是我天賦的能力，懂得運用好好發揮的話，便會對我很大幫助。

亦同時可以認識到自己短處，例如集中力不足，亦容易因爲對一件事失去興緻而虎頭蛇尾。於是我便運用「使事情變成有趣」的天賦能力，令自己可以對一件事持之以恆。

同時，我擁有 8 號仔的暴烈性格，會影響人際關係。年輕的時候，很容易因爲小事與人爭執，還以爲自己很威很有型。後來碰過許多釘，覺得是時候改變自己。於是便後天去訓練自己，提升自己去留意別人需要的能力。觀察那些溫柔的人。學習他們的特質，以補自己不足。

借助性格學來了解自己，就可以避重就輕，幫助自己取長補短。

性格學，不是用來限制自己，更不是用來自己做或者不做某些事情的藉口。

「咁我係 I 型人嚟㗎嘛，做 presentation 呢啲嘢你唔好搞我，梗係你做啦 (**我是 I 型人，別要我做匯報，你做啦**)」、「我係 4 號仔嚟㗎嘛，咁我喜怒無常你唔可以怪我㗎喎 (**我是 4 號人，喜怒無常不能怪我**)」、「我係 7 號仔嚟㗎嘛，做嘢梗係甩甩漏漏㗎啦 (**我 7 號人，做事大意是必然的**)」，是我近年聽得比較多的說話。

非常同意 youtube channel「女人像鹽」Bonnie 的一個觀點：「即使你係 I 型人，唔代表唔可以學溝通技巧。溝通技巧，只係一個工具，你唔需要愛上一個工具，但係起碼你要具備囉。當你擁有呢個工具，起碼你要用嘅時候有得用。」

**(即是你是 I 型人，不代表不可以學溝通技巧，那只是工具，你不須愛上工具，但起碼要能具備。當你具備了它，有需要時就能用)**

水能載舟，亦能覆舟。同樣是性格學問，究竟是你用來限制自己，劃地自限用來框死自己，還是用來幫助自己提升，尋求突破，關鍵只在於你怎樣選擇。

# 病過才可以做醫生？

日前，和我一位空手道師兄，晚上坐在海濱公園，飲啤酒、食串燒、談人生，十分寫意。

他問到，我從事情緒治療的工作，來找我的客人，許多也有不同背景、不同行業、不同的人生故事，可謂千變萬化，究竟如何爲不同的人去解除心結？

的確，也有學員問我：「我最近有個案主是上市公司主席，我又未做過老闆，又怎能明白他的感受，有效協助他？」

這是一個新手治療師常見的盲點，如果從這種思路去想，我是否要每一位案主的人生都經歷一次，才有資格爲他們處理情緒？

我們需要知道，案主們經歷的故事，只是我們去了解這個人的線索。每一個人經歷的故事都不同，治療師只是一個凡人，不可能代每一個人去找尋他們的出路。反而是要重新啟動這個人，爲自己找尋出路的能力。

打個比喻，我們是修車師傅，客人將車輛交給我們修理，修理完之後，無論客人打算駕車去元朗還是柴灣，我們不需要熟悉元朗或者柴灣的道路，這是他們之後的選擇，我們只需爲客人修好車輛便可以。

人有情緒困擾，無論背後故事如何，往往源於內在需要未被滿足。

而人的內在需要，往往離不開幾個範疇。例如渴望被愛，也渴望付出愛。渴望被聆聽、渴望被接納、渴望自由、渴望被尊重、渴望被欣賞、渴望被理解、渴望安全感、希望有選擇、希望感受到有力量等等。

人的痛苦，往往因為矛盾。

上面講人希望有機會付出愛，但又怕受傷害（對安全感的渴求）。兩種抵觸的力量互相拉扯，這就是矛盾，痛苦便會出現。這些內在需要，很大程度和人際關係有關。阿德勒說，人的煩惱，往往來自人際關係，就是這個原因。

曾經處理過一對夫妻，兩位也是我認識的朋友。有趣的是，他們都是私下來找我求助，而他們都要求，不想讓對方知道。

換句話說，完成療程後，他們互相都不知道，自己的配偶曾經來找過我做情緒治療。

基於私隱，我也沒有對他們的配偶透露。至於他們自己之後告訴了對方，就是他們的事了。他們來找我時，都很坦誠告訴我，結婚十年，不但感情轉淡，而且對對方也一種厭惡感覺。奇怪的是，他們從來沒有吵架、沒有不忠、沒有欺瞞、沒有不良嗜好、有共同興趣。

雙方都是很有教養的人，在結婚之前，他們已經有協議，即使有任何相處上的問題，也不可以口出惡言。這一點他們遵守得很好，連衝突也沒有，更加沒有任何家暴。

大家可能也會覺得奇怪，即使是這樣，最多也只會感情轉淡，厭惡感從何而來？他們也不知道爲甚麼。

進入催眠狀態之後，我運用一種叫做「情感回溯」的技術，將他們帶到首次對對方感到厭惡的場景，看看當時發生了甚麼事。他們看到的場景，性質非常相似。

看到自己爲對方費盡心思，付出時間精神去做一些事情時，渴望得到對方欣賞。結果對方不但沒有欣賞，還表現出一副理所當然的態度。

還是廣東話的「老奉」比較傳神。

當然，他們理智上明白，對方這種老奉態度，未必是有意的。但是理智還理智，感受還感受。出現了的感受，還是會烙在潛意識之中。一次半次還不怎麼樣，人是渴望被欣賞的，當這種內在需要得不到滿足，日積月累之下，關係就會逐漸被蠶食。

完成催眠後，我分別問他們：「你對上一次對佢表達欣賞，感激佢嘅付出，係幾時？（上次你向對方表達欣賞和感激是甚麼時候）」

他們的回答，出奇地相似：「er……都有嘅。**（都有的）**」

我再問：「係幾時？**（甚麼時候）**」

（尷尬地笑）「er……都好多年囉。**（好多年了）**」

我欣賞他們的坦白。

然後又自圓其說：「唔使啦，都老夫老妻囉。(**老夫老妻，不用啦**)」

我再問：「咁佢咁多年，都無向你表達欣賞你對呢頭家嘅付出，好似老奉咁，你又覺得點？(**你爲家庭付出多年，對方沒有向你表達欣賞，好像奉旨似的，你覺得怎樣**)」

「無癮囉。(**心淡**)」

「咁咪係囉。(**這就是了**)」

慶幸的是，他們回到家中之後，也願意重新向配偶表達欣賞，時不時感激對方的付出。後來關係也開始改善了，重返熱戀期。老友，如果當年這個人你毫不欣賞，根本不會揀這個人啦。

他們的關係有救，全賴他們沒有「啤！佢都無先向我表達欣賞，咁我做乜要欣賞佢(**他沒有先向我表達欣賞，爲何我要先欣賞他**)」，要等對方先作主動，自己才肯改變的態度，否則這段婚姻，眞是凍過水了。

最近有個別的士司機表示，要求客人要先有禮貌，他們才會有禮貌。看到這段報道之後，除了「我眞係恭喜你」之外，我也無話可說了。

# 情緒課題輕重緩急

日前在情緒療癒工作坊之中，提及「課題分離」。其中一位參加者後來私訊我，表示對這個概念很感興趣，希望我闡述多一點。

其實佛陀在兩千多年前，已經講過近似的教導。

「有一個人中了毒箭，非常痛苦，親友延醫爲他拔除毒箭，他卻固執說；先要清楚一些問題，才再拔箭。

他問誰是醫生？叫甚麼名字？住在那裏？有甚麼學歷經驗？身上中的箭；是用甚麼造的？箭弦是用甚麼製成？箭羽是甚麼鳥毛？箭的毒性如何？怎樣才算是中毒，是否一定會死？中毒而死的人會怎樣？痊癒之後又會怎樣？……可憐這個身中毒箭的人，爲了先要弄清楚問題，才肯讓醫生拔箭療毒，結果問題尚未及解答，已毒發身亡了。」

很多人有情緒創傷，無論找朋友傾訴，或去見輔導員、社工、身心靈療癒師等等（下稱助人者），如果事主覺得創傷來自他人（例如前度情人、僱主、原生家庭等等），事主將那些人視爲加害者的話，有時助人者都會嘗試引導事主接受一個想法 ——

事主眼中的加害者，其實都有善良動機「例如爲你好、佢愛你不過唔識表達、佢係上天派來訓練你脾氣嘅菩薩」(**他愛你但不懂表達，他是上天派來訓練你脾氣的菩薩**)，又或者有苦衷「其實佢都好多創傷、其實佢都已經盡咗力、其實佢都好慘」(**其實他也有很多創傷、已經盡了力，其實他也很慘**)，諸如此類。

原則上，我並不反對這種作法。但我想提醒助人者們，有些地方必須要留意。

這作法原意是想啟動事主欣賞或體諒那些「加害者」，但如果事主對眼中的加害者恨意依然甚濃，太快想進入這一步，事主就有機會覺得助人者爲對方找藉口，甚至覺得你站在對立面，覺得你在講風涼話。

如果事主未 ready，助人者就太心急，希望這樣引導事主而不果，有機會有反效果，甚至二次傷害。

更甚者，如果我們能否重奪情緒自由的關鍵，原來要取決於「其實對方動機善良」、「其實對方一樣有苦衷」的話，豈不是將自己情緒自由的主導權，外判給別人？

根據佛陀上面的比喻來看，你若中了箭，無論發箭人的動機如何（無心之失 / 惡意傷你 /「爲你好」想考驗你身手 / 無差別恐襲）、有沒有苦衷（被人迫脅要射你 / 醉酒引致神智不清 / 人生不如意想發洩），不是在你仍然受傷流血的情況下，要花心思去考慮的問題。

起碼現階段不是！

當務之急，是要先爲自己止血、療傷。至於要不要研究對方的動機與苦衷，那是後話。

甚至在你療癒之後，對方的動機如何、有沒有苦衷，可能對你已經不再重要。因爲你已經明白，對方的動機、苦衷，是對方的課題；你是否願意爲自己療傷、是否容許自己被別人的課題影響你，就是你自己的課題了。

要處理與其他人的關係之前，必先處理與自己的關係；要重奪情緒自由，就先要釐清課題，就是這個原因。

# 快樂的糯米雞

由於我在不快樂的童年長大，所以從小就自行研發出大量令自己快樂的方法（或者心法），我會間中拿出來跟大家分享，益街坊。

這次分享的心法：留意自己的快樂門檻。

發現大部份難以快樂的人，會將自己快樂門檻設定到很高，例如：
第一種「我要某某人愛我對我好我先至快樂（**我要某某愛我對我好才會快樂**）」、「我要拗贏某某人我先會快樂（**我要辯贏某人才會快樂**）」、「我要某某人有報應我先會快樂（**我要某某有報應才會快樂**）」、「我要某某人同我講對唔住我先會快樂（**我要某某跟我說對不起才會快樂**）」、「我要人哋睇得起我先會快樂（**我要別人看得起我才會快樂**）」、「我要威俾某某人睇我先會快樂（**我要在某某前揚威才會快樂**）」。

這種將自己快樂與否的決定權，寄托於他人手上的做法，只是自尋煩惱，等同將自己情緒按鈕交予他人，對方無時間心情令你快樂，你就苦不堪言。對方如果心術不正，操控你更加易如反掌。

第二種「我要買到乜乜乜我先會快樂（**我要買到某東西才會快樂**）」、「我要住到邊度邊度我先會快樂（**我要住在某某地方才會快樂**）」、「我要做到乜乜職位我先會快樂（**我要升上某職位才快樂**）」、「我要賺到幾錢幾錢我先會快樂（**我要掙到某金額才快樂**）」、「我要減到幾多磅我先會快樂（**我要減肥多少磅才快樂**）」。這種又是找自己麻煩，將所有快樂押後，要達到甚麼甚麼條件才容許自己快樂，一不知會否達到，二就算達到又不知何年月日。5 年？ 10 年？你這 5 年 10 年，是否不容許自己快樂？

如果你用這個心態，我敢保證，即使你達成目標，你的快樂情緒都不會維持太久。

科學家已經研究一段長時間，人類用「達成目標」去追求快樂，快樂情緒往往只維持數小時！能夠維持到超過一星期，已經少之又少。

我之前有個朋友，千辛萬苦儲夠錢，6 位數字買了心儀已久的 Rolex。快樂維持了多久？三日！相比之下，我 23 元吃到好味的糯米雞，開心了半日，性價比差好遠！

更何況，已經有大量研究指出，帶着不快情緒去追求的目標，失敗率會大大提升。因爲不快樂情緒，會令一個人精力、集中力、思考能力等等大幅下降，事倍功半。

想容易快樂，快點檢視自己快樂門檻是甚麼！爲何門檻會這樣擺？是否需要調整一下？

# 心存恨意，如何療癒？

人的情緒、行爲模式，甚至怎樣看這個世界，往往都受成長經歷影響。例如童年時飽受欺凌的，就有機會對世界充滿敵意或恐懼；童年時感到愛與支持，長大後即使遇上逆境，也容易支持自己與支持別人。

成長經歷，原生家庭佔了一個很重要的位置。

原生家庭之中，父母是非常重要的角色。父母的性格如何、怎樣相處、創造的家庭氣氛如何、面對衝突或面對逆境的態度如何，每日的一言一行，孩子都看在眼裏。

一切的情緒模式、行爲模式，都會在孩子心裏留下印記。

尤其是如果父母做過一些傷害子女的行爲 —— 不論是有意或者無意。許多曾經感受過被父母傷害的人，長大後對父母存有恨意。這份恨意，亦會投射在其他生活層面之中，例如人際關係、職場、感情生活、對自己的看法，甚至影響健康。

許多助人工作者，無論是社工、輔導員、身心靈治療師，傳統的做法，是希望引導案主原諒寬恕父母。因爲一旦寬恕了、原諒了，恨意容易解除，恨意對人的影響亦可以舒緩。

他們許多時，會引導案主看看父母的難處，例如「其實佢哋好愛你不過唔識表達（**他們其實很愛你但不懂表達**）」、「佢哋都有佢哋嘅成長傷痛（**他們都有自己的成長傷痛**）」、「佢哋只係不自覺複製咗佢哋父母嘅行爲模式（**他們只是不自覺複製上一代行爲模式**）」。

引導案主體諒，我個人並不全然反對這些做法，因爲有時是奏效的。

然而，不可以視爲萬用公式。

有理無理，總之不理三七二十一就叫人寬恕，其實存在風險，需要留意的事情還多着呢！

如果案主未 ready，上面那些種種，案主很大機會視你在講風涼話，爲他眼中的「加害者」找藉口，甚至可能構成二度傷害。

多年前我還是深陷情緒困擾的時候，找上一位治療師爲我處理。當時那位治療師，開始傾談的時候，態度還很溫柔。進入了療癒環節，便想強行引導我相信「佢哋都有苦衷（**他們都有苦衷**）」。

反覆嘗試後我只覺得反感，覺得不被理解，便衝口而出：「佢哋有苦衷，唔係大 L 晒㗎！（**他們有苦衷也不是他媽的凌駕一切！**）」

即使你的動機是善意，如果對方未 ready，而你強行要求對方接受，善意也可以是一種傷害 —— 尤其是用善意包裝的傷害。

在這裏，我們先了解一下，恨意的本質。恨意的前身，是憤怒。上天爲人類設計每一種情緒，都有其正面意義及作用。

憤怒是多種情緒之中，唯一一種只需要很短時間，就可以 0-100 地爆發的強烈情緒，能量很大。當一個人處於很不利的處境，急欲改變這個情況，便會產生如此強烈的情緒，觸發強大行動力，以圖改變狀況。

大家可以想像，數十萬年前的原始社會，當你遇到猛獸，便會產生強烈情緒（恐懼或憤怒），觸發強大體能，以供逃跑或戰鬥所需。

到了現代社會，這個本能機制還是不變，環境卻大不同。即使你對某些事情很憤怒，事情也許都無法立即改變。然後，憤怒加上時間累積，就會變成恨意。

更深層的問題，如果一個經歷成長創傷的案主，需要成功說服自己「父母其實有苦衷」，才可以獲得情緒自由的話，豈非將自己的情緒主導權，外判於他人（父母）？

宏觀一點來看，我們無法決定父母是否有苦衷、決定他們怎樣做人、決定他們很愛你還是很無良。因為，無論他們是怎樣的人，又或者他們決定做怎樣的父母，是他們的課題。

而你決定怎樣做人，甚至你決定是否愛自己，就是你自己的課題了。

重點是，無論你父母是怎樣的父母，都無法阻止你愛自己。打個比喻，你的人生，是一部 50 集的長劇。

開頭數集，無論編劇、導演、監製，都不是你，你沒有話語權，拍得不理想。

之後，你已經逐漸重奪編劇、導演、監製的崗位，甚至金主也是你。到現在已經拍了三十幾集，如果還是拍得不理想，可否將責任訴諸「最衰頭嗰幾集拍得唔好（**都是最初集數拍的不好**）」？

說不通吧。

即使你恨任何一個人，我也會尊重你的恨意。然而，如果將你所有的人生焦點、精力、時間，投放在你怨恨的人身上，就會忽略了更加值得你關注的地方 —— 就是愛自己。當你足夠愛自己，好好去處理自己的課題，已經沒有太大閑情逸致，去理會他人的課題。

人每日只有廿四小時，精力也不是無限。足夠愛自己，就會投放時間精力在自己身上。你可以和有毒的人際關係保持距離，對自己好。然而，他人是好人又好，壞人又好，對你來說其實已經不太重要。

至於之後你想不想修補關係，主導權也回到你手上，這時候已經不是原諒與否的問題，因爲你早已超越了這個層次。

# 人性盲點雜談

喜歡觀察人性的我，最近加入了一些 fb 上的交友群組，群組很多成員都希望找到另一半。一個人在人生路上走到某個階段，想找個伴也是很正常的事。

然而帶著某些心態，會帶來許多不利影響，可能連當事人也不知道。

第一類我稱爲「以缺引盈」，例如有網友出 post 表示「我想搵一個情緒穩定嘅人，因爲我情緒唔穩定（**我想找一個情緒穩定的人，因爲我情緒不穩定**）」也見過有 post「我好唔開心，想搵一個開朗嘅人，可以感染到我都開心（**我很不開心，想找個開朗的人，可以感染到我也開心**）」。

這種想法看似很順理成章，我缺甚麼，自然想要甚麼。既然你的正面情緒很充裕，給我補足不可以嗎？

至少，我欣賞他們的坦白。

然而，如果你就是那位情緒穩定 / 開朗的人，你會怎樣看？你會被甚麼人吸引？一個人偶然心情好，可能是彩數；能夠長期情緒穩定而愉快，除了天生之外，必然是練出來的（詳細怎樣練，可見《快樂的糯米雞》一文爲例）。

反之，偶然情緒不穩或者心情不好，人人都會；但如果長期如此，就可能是內在信念的問題了。長期情緒穩定而愉快的人，其中一點訣竅，就是他們懂得經營和保護自己的心智。

例如不會揀選一個情緒不穩定、長期心情不好的人做伴侶。

正如我需要教班，不想聲音沙啞，也會避開煎炸食品啦。一個懂得經營健康心智，想擁有幸福快樂親密關係的人，又怎會自找一個情緒黑洞做伴侶？最後，只能吸引一些同樣（甚至比自己更嚴重）情緒不穩、長期心情欠佳的人來同病相憐，或者互相傷害。

縱使僥倖地，真的找到一個情緒穩定、又長期好心情的人，很快也會因為大家 channel 不對而講拜拜，或者對方也變成情緒不穩、長期壞心情的人，互相拖累。

所以，還是先處理好自己吧。

另一種找伴侶的心態，是強調身份定位。

有些網友會出 post「我是個受過情傷嘅人 / 我是失婚女人，想找 Mr Right」。

人腦是很有趣的，當你將自己定義為某一種人，無論心智、內在信念、外在行為、生活習慣，都會不自覺地轉變，去符合那個身份定位。

有聽過「為母則強」嗎？

意思是一位女性成為了母親，為了保護下一代，就會變得遠遠比少女階段堅強，這變化並非刻意，更可能自己也不察覺。

一個人如果想戒除煙癮，假設朋友遞來一枝煙，兩種反應分別在哪？

· 我正在戒煙
· 我不是煙民

前者只是聚焦於行為，而且是未成為習慣的行為，要拒絕吸煙的誘惑，或者推卻朋友的盛情，便十分吃力，而且很容易破功。

後者卻是一個身份定位，確立了之後，不吸煙就自然不過，拒絕吸煙可謂毫不費力。一個人將自己定位做「受過情傷的人 / 失婚者」，不但難以走出悲情，潛意識更會在生活上繼續創造種種不如意事，或者繼續吸引渣男渣女來傷害你，去符合你腦海中那個「悲劇主角」的設定。

反正都想有新開始，何不將自己設定為一個「揭開新一頁的人」？

第 3 章

# 個案分享

# 橋入三關任我打（催眠治療三個基本條件）

經常有查詢催眠課程的網友問：「你嘅課程特色係乜嘢？（**你的課程特色是甚麼？**）」

特色就是著重實戰。

許多學過催眠的朋友，往往懂得不少基本技巧，也知道很多身心靈理論，但一到實戰爲人做催眠治療時，卻往往「老鼠拉龜，無從埋手」。

有時是案主帶著情緒困擾來，治療師卻「傾極都傾唔埋欄（**怎樣也談不攏**）」，以至不知應從哪個方向去拆解。於是不理三七二十一，甚麼學過的招式都漫無目的耍出來，卻打不中，以至效果不彰。

有時，無法帶案主進入狀態。我聽過某位催眠導師和一位學員如此對答：

「如果帶唔到個 client 入去睇童年畫面，咁點算？（**如果帶不到客人看到童年畫面，怎麼辦？**）」
「再入過囉。（**再試囉**）」
「都唔得呢？（**還是不行呢？**）」
「又再入過囉。（**又再試多次囉**）」
「都係唔得呢？（**仍然不行呢？**）」
「繼續入，入到得爲止。（**繼續試，直至成功爲止**）」

Oh my god.

案主未能進入狀態，可能是因爲放工後舟車勞頓來見你，來到已經身心俱疲；又或者日間工作被上司罵完，怨氣未消；又或者第一次見治療師，十分緊張。

不去理會案主情緒需要，而去調整做法，一味「死入爛入」，只會令案主對治療師失去信心，或者對自己失去信心，又或者對催眠治療失去信心，甚至對三者都失去信心。

我們要知道，無論是「傾唔埋欄（**談不攏**）」或者「入唔到（**無法進入狀態**）」，都只是果，而不是因。

甚麼是因？意思是只要具備了某幾樣基本條件，問題自然迎刃而解。你所學的技巧，才會發揮作用。在教學之中，我喜歡加入易記的口訣。
詠春拳有一口訣，曰：「橋入三關任我打。」
意思是指，在搏擊之時，當你突破了對手的三大防線（手腕、手踭、肩膊），便可以長驅直進。

套用在催眠治療也一樣，三個基本條件就是：
(1.) 信任 (2.) 在內需要 / 核心情緒 (3.) 意向

(1.) 信任
催眠治療，是需要治療師與案主高度合作的事。案主付出時間與金錢，找你幫忙解決情緒困擾，理智上是「知道」要信任你的，然而許多時，情緒上還未準備好。

例如擔心你會批判他、治療室對他來說是陌生環境等等。

當你聆聽案主的說話時，你的親和感足夠嗎？有否不自覺地帶著批判？會否太過說教？或者太重專家口吻去丟書包？有沒有站在道德高地，一副高高在上的嘴臉？

又或者新手治療師，會否對自己信心不足，以至緊張兮兮？須知道情緒是有傳染性的，連你都緊張，案主又怎會不緊張？

又或者會否太過受「顧客永遠是對的」思想影響，以至你太過低聲下氣？

治療師太高或太低姿態都不行，應以不亢不卑的同行者心態爲佳，用無批判的聆聽，讓案主感到尊重和接納（不等於認同），案主才可以放低心防。

2. 在內需要 / 核心情緒

絕大多數情況下，案主來見你時，還未意識到自己核心需要，通常只會告訴你最近發生甚麼事、出現甚麼情緒。而核心需要，就需要治療師像查案般，抽絲剝繭去發掘。

我曾經處理過一宗個案，案主有十年的酗酒問題。如果作爲治療師，只著於怎樣幫她戒酒，針對表現行爲，便會忽略背後心因。

細心了解下，原來她經常做朋友的情緒垃圾桶，朋友每有不開心事，就找她傾訴。當朋友借酒消愁，需要酒腳時，又會要求她作伴，久而久之，酒癮愈來愈深。

原來她因爲童年某些經歷，潛意識有一個信念：「我不可以拒絕別人，我要順著別人的意思，別人才會愛我。」

知道甚麼信念影響她便好辦了，我爲她轉化這內在信念之後，她仍然可以喝酒，變成可以自由地享受淺嘗即止，而不再被酒癮操控了。

3. 意向

我經常說，零乘任何數都等於零，如果案主改變的意願是零，治療師也不可以迫人改變。可能有人會問：「既然案主付出時間金錢，去約見治療師，怎可能沒有改變意願？」

有時案主也以爲這樣，實情卻未必。

曾經有一位女士，告訴我男友是個控制慾和醋意也很強的人，即使她偶然和別的男士，禮貌上說句早晨，男友也會大發雷霆，有時更會對她拳打腳踢，情況已經持續好幾年。

我問她爲甚麼不分手，她答：「我要留喺度，證明係佢唔啱！（**我要留下來，證明錯的是他**）」

Fine，既然這是她的人生，這亦是她的意願，我當然會尊重，所以無意改變她。

許多從事社工、輔導員、臨床心理學家、催眠治療師（統稱助人者）工作的朋友，爲甚麼愈做愈有枯竭（burn out）的情況？明明他們當初入行時，往往充滿熱誠，希望去幫人的。

實情是，如果你改變對方的意願，大於案主自己想改變的意願，你便跌入了「拯救者情意結」的陷阱，不自覺地承擔了原屬對方的人生課題。當你將對方訓練成一個不需爲自己人生負責的倚賴者 / 索取者，你不身心枯竭才怪。

有些案主，會糾纏於「咁係呀邊個邊個唔啱吖嘛（**某某才是錯誤嘛**）」。我不會和案主爭論誰對誰錯，因爲，無論那些「某某人」是否眞的像案主口中講得那麼差，也不是治療的重點。

那些「某某人」，無論是好人又好，壞人又好，重點是案主希望用甚麼新的身心狀態，去面對和自處—— 別人怎樣對你，也許是別人的課題；你帶著甚麼心態，去走你的人生路，就是你的課題。

無論別人怎樣對待你，也無法奪走你自尊自重的權利。

這才是爲自己人生負責任的態度，我從未見過一個終日抱著「責任不在我方」心態的人，可以走出情緒困境的。就算有，都是假的。

橋入三關任我打，成功建立了信任、釐清在內需要 / 核心情緒、tune好案主改變的意向，你所學的催眠治療技巧，才可以徹底發揮作用，能夠助案主離苦得樂，解開心結了。

# 理性的人很難催眠？

很多初學催眠治療的學員，會很害怕遇上情緒爆發的案主，怕「唔知點收科（**不知怎樣解決**）」。

其實情緒爆發的案主，往往是最容易處理的。因爲一個人願意在你面前這樣，某程度上已經是一種信任。而且爆發情緒，往往也是一種釋放。有很多情緒，就像查案有很多線索，煮餸有很豐富的材料。只要處理得宜，便會得到很好的效果。

比較棘手的，反而是沒有甚麼情緒，或者以爲自己沒有甚麼情緒的。

沒有情緒的，沒太多機會遇上。因爲沒有情緒，無端端爲甚麼要找你這個催眠治療師？約催眠治療都是爲了處理情緒困擾，難道找你醫跌打嗎？準確點來說，這些是情緒 / 情感比較抽離的人。

這類人通常比較著重邏輯、分析，他們會稱「我爲人十分理性」。大部份時間，他們感覺不到，甚至否定自己有感性的部份。

這類特質，在九型人格中的 5 號（觀察型），十分常見。

也有催眠治療的新手會說：「理性嘅人好難催眠，因爲同佢講乜嘢佢都分析一餐，好難進入狀態。（**理性的人很難催眠，因爲跟他們說甚麼都會分析一番，很難進入狀態**）」

我認爲，這句話，只說對一半。

他們其實也嚮往與人有良好的情感交流，不是不想，只是不知爲何做不到。

他們好像有一個內置信念：「我不可以讓情緒出現，這樣會影響我的判斷。」

只要我們從另一個角度去理解，便會明白爲甚麼會這樣：

人爲甚麼會對一件事抽離，退後幾步，拉遠距離？

對，就是減低風險。從很久以前，甚至遠在幼年時，他們可能從家人、朋友的互動中，不自覺吸收了「情緒是危險的，保持距離才安全」的信念。

這個沒有對錯之分，只是生存策略。

日子久了，便發展出一套「高度思考，沒有甚麼情感」的模式。

在我看來，他們不是沒有感情，只是這個 function 關掉已久，已忘記了怎樣重新開啟。

然而，只要讓他們感到安全與接納，理性主導的人，也會與人有良好的情感交流。

有些身心靈人士，看到這類同學，會叫他們「唔好用腦，唔好分析！**（不要用腦，不要分析）**」

其實這句說話，我聽來十分礙耳，難聽過粗口。

我也反問過這些身心靈人：「人天生就有個腦，你覺得做人唔好用腦，你唔做手術切咗佢？**（人天生就有腦袋，你認爲做人不要用腦，你怎麼不做手術把它切掉？）**」

這會讓理性主導的人反感，理性是他們一向解決問題的好幫手，引以自豪的法寶，叫他們放棄理性，豈不是否定他們的價值？

你在限制他們，不對你反感才怪。

我發現了這點後，改變了和他們的溝通方式：

「我留意到你是一個擅於邏輯分析的人，相信這個特質，過往幫助過你解決許多難題，避過許多風險。」
「對。」
「理性，這是你的長處。而相信你也明白，今天你來做催眠治療，與自己的情緒溝通，而情緒是另一個範圍的事，是感性範圍的事。」
「對。」
「情緒是聽不懂邏輯分析的，就像對著一個只懂廣東話的人，如果你用英語和他說話，無論你如何流利，也無法與對方溝通，對嗎？」
「對，那怎辦？」
「你有喜歡看的電影嗎？」

「有。」
「想像一下，你在電影院看戲，鄰座的人不斷在分析導演手法、故事結構、配樂風格，你覺得怎樣？」
「很煩，想他收聲。」
「對，令你無法投入去享受電影。我不會叫你停止分析，如果在催眠過程中，腦內有分析的聲音升起，容許它自然升起自然消逝便可以。我是邀請你多給自己一個選擇，過往你擅於分析，由現在開始的一小時，給自己機會去品嘗另一種滋味，全情投入去享受過程便可。」
「好。」

最近我遇上幾位理性型客人，用了這種溝通方式，他們也欣然接受，而且效果甚佳。

兩種溝通方式，爲甚麼帶來完全迥異的效果？

「不要分析！」否定了他們自豪的價值，也限制了他們的自由，等於和他們站在對立位置，得到的當然是反感和抗拒。

「這是你的長處」是肯定和接納，「多給自己一個選擇」是增加他們的自由，讓他們感受到放鬆，得到的是信任，情感便容易釋放。

享受了情感釋放，客人告訴我「有如打通任督二脈」。

See ？一個 case 不在乎難做還是易做，在乎你怎麼做。

# 義氣女俠的煩惱

日前，爲一位女俠性格的案主做情緒治療。甚麼是「女俠性格」？她善良、夠義氣、硬淨的特質都有齊了。

正正因爲如此，便長期造就身邊的家人、朋友、姨媽姑姐，有甚麼奇難雜症，都找她幫手。

甚麼買樓按揭、官司、搵工，總之別人一句「你識咁多人 / 咁有辦法，你實搞得掂嘅。**（你人脈好，辦事手段強，一定能幫忙搞定的）**」

案主儘管一頭煙，多忙碌，也要幫人解決問題。

她又不好意思拒絕別人，不情不願之下，去爲別人做這做那，肩膊自然愈來愈重，情緒愈來愈難受，覺得十分委屈。

如此惡性循環之下，案主便累積了很多憤怒。

我在面談環節中，和她抽絲剝繭，結構性地剖析她與別人的互動。

我微笑跟她說：「我唔係降頭師，或者魔法師，而係催眠治療師，我無法幫你控制佢哋嘅行爲。我哋可以著眼嘅，就算佢哋嘅行爲如何，你情緒上都可以不受影響。我哋就以呢個爲目標，好嗎？**（我不是降頭師或魔法師，只是催眠治療師，我無法幫你控制他們的行爲。我們可以著眼的，就算他們行爲如何，你情緒上都可以不受影響。我們就**

**以此爲目標好嗎）**」

她也笑了：「好。」

表面看來，是身邊的人不斷將不同的責任，排山倒海般推落她身上，她做了受害者角色。

我問了她一個問題。

我微笑望著她：「似乎你身邊好多不願長大嘅巨嬰，幾廿歲人都不斷倚賴你喎。咁請問，係邊個養大佢哋，偷走原本屬於佢哋嘅功課、剝奪佢哋成長機會，令佢哋成爲倚賴者嘅呢？**（似乎你身邊有很多不願長大的巨嬰，幾十歲人都不斷倚賴你。請問是誰養大他們，偷走原本屬於他們的功課、剝奪他們成長機會，令他們成爲倚賴者呢？）**」

她便有所領略，笑了出來：「噢……我。」

我讚賞她的坦誠和敢於承擔責任。

她又表示，曾經試過拒絕別人，但每次都牽動情緒。於是，我和她排練了許多不需牽動情緒、不亢不卑，又可以向無理要求 say no 的技巧，又練習了許多有助自己心平氣和的自我對話。

最後，我帶她進入催眠狀態，我邀請她想像，那些曾經向她提出許多無理要求的人們，就站在她面前。又引導她的潛意識，作以下宣告：

「多謝你哋喺我生命裡面出現，過往我曾經偷走你哋人生嘅功課、剝奪你哋嘅成長機會。呢啲，係原屬於你哋生命嘅禮物。而家，我將呢啲禮物，屬於你哋嘅課題，屬於你哋嘅人生功課，交返俾你哋。我祝福你哋，成爲更加願意爲自己人生負責、愈來愈有力量嘅人。因爲我都有我嘅課題，我願意爲自己嘅課題負責，祝福你哋都係。」

**(多謝你們在我生命裏出現，過往我曾經偷走你們的人生功課、剝奪你們的成長機會。這些是原本屬於你們生命的禮物。現在我將這些禮物，屬於你們的課題，屬於你們的人生功課，交還給你們。我祝福你們，成爲更加願意爲自己人生負責、愈來愈有力量的人。因爲我都有我的課題，我願意爲自己的課題負責，祝福你們也一樣。)**

宣告過後，女俠輕省了許多。

我們日常許多人際關係的煩惱，源於責任上的混亂——

一方面扮演受害者角色，要求別人爲我們的情緒負責，其實養大了自己的無力感。

一方面又跑去偷了別人的功課，幫人做這做那，以爲這是表達愛。其實剝奪了他人的成長機會，也爲自己製造倚賴者，最後使自己身心疲累。

我不是說不要幫人，而是幫人之後，令別人成長，還是培養了倚賴者，有很大分別。

記得我說過嘛？你餓，別人無法代替你去吃；別人便急，你也無法替人去廁所。

釐清健康界線，各自為自己的課題負責。煩惱減少，快樂自然便出現。

今天女俠寫了她的「催後感」給我，看見她由當初即將谷到爆的狀況，到現在由心散發出的喜悅，無論家庭、夫婦關係、工作、情緒都得以改善，我也十分替她高興！

＊我教她的「咒語」，不是甚麼神秘魔法，而是面對人際關係問題時，非常有效，迅速調整內在情緒的自我對話。

因為前年屋企發生左尐事，情緒爆煲抑鬱覆發嚴重失眠，睇醫生只係俾安眠藥，血清素同埋不斷叫我轉工，藥量越食越重同越食越多種類都係改善唔到失眠嘅問題，後來朋友見到我尐藥，話我食嘅份量根本就係濫藥同埋有機會猝死，所以就冇再去睇醫生，後來喺朋友嘅分享下，接觸到催眠治療呢樣野
講真，初初對催眠真係抱住存疑嘅態度，但失眠嘅困擾攪到想拎刀斬人同跳樓嘅衝動，只好死馬當活馬醫，況且又唔係要食尐咩，最多咪冇效果，又唔會死人嘅，所以就踏出第一步聯絡SAM哥
第一次同 SAM 哥見面，佢聽我呻左成粒鐘，因為呢幾年嘅怨氣真係重到不得了，呻到咁上下，佢問我覺得自己帶住咩情緒... 我話覺得自己怨氣好重囉～ 但SAM 哥一句 " 你好委屈！"
哇！！！呢句說話就好似劈中我個心咁，尐眼淚完全不受控咁開水喉～

第一次同 SAM 哥見面，佢聽我呻左成粒鐘，因為呢幾年嘅怨氣真係重到不得了，呻到咁上下，佢問我覺得自己帶住咩情緒... 我話覺得自己怨氣好重囉～ 但SAM 哥一句 " 你好委屈！"
哇！！！呢句說話就好似劈中我個心咁，尐眼淚完全不受控咁開水喉～
當進入催眠狀態嘅時候，返到幼稚園時期，睇到小時候嘅自己，被同學嫌棄，奚落，嘲笑... 孤立無援，呢個小朋友都係因為孝順幫阿嫲手倒垃圾嗟，唔應該遭受到咁嘅對待～ 成年嘅我埋去安慰返小朋友嘅我，亦一同原諒奚落過我嘅同學仔... 當完成第一次催眠後，即時感覺係個人輕左，面部肌肉鬆弛左 冇再咁蹦緊，冇咁揸埋口面～
落到樓，我老公見到我話覺得我開心左，第一眼見到我係有笑容，冇上去之前咁黑口黑面

而最神奇嘅就係，當晚我完全唔洗靠任何藥物同酒精，只係跟住 SAM 哥帶我入催眠狀態嘅漸進式放鬆法，就可以一覺瞓到自然醒～

第二個星期帶住期待嘅心情再同 SAM 哥見面，今次俾SAM哥當頭棒喝，因為我成日偷左人地嘅功課黎做，縱容到身邊乜巨嬰不斷幫我接JOB 返黎達到佢地炫耀嘅目的，喺呢次我學識左拒絕技巧同埋同細個充滿無力感嘅我好好溝通，呢一次我明白到每個人能力有限，當盡左力之後都唔成功都唔需要怪責自己，因為失敗都係一種經歷體驗亦都會有得著，過往因為好勝心太強而迫到自己埋死角

呢個星期開始，覺得身體肌肉冇咁硬，特別係膊頭肌肉係好明顯放鬆左，冇咁頸梗膊痛

特別係遇到乜唔順心嘅事，心入

面諗SAM哥教嘅咒語，慢慢就回復平靜

第三次接受催眠，主要都係為自己注入多乜信心，因為一直以來都好在意別人嘅想法同說話，令到自己不斷喺負面到loop，呢一次學識轉化同要識得停止餵養壞情緒，遇到唔順心嘅人&事，只會稍稍唔高興講句 "X吖！" 就好快回復平靜，唔會因為別人一句說話沒完沒了咁嬲，識得 "NEXT!" 諗下一步，同時亦學會乜說話上的技巧，比起以前更加容易說服身邊嘅家人&同事

經過三次催眠，除左解決左失眠困擾之外，我老公覺得我最大嘅轉變係個人融和左，開心左

因為以前一傾到工作上嘅忟憎事，佢覺得我係咬牙切齒咁講，而依家係覺得我係當笑話咁分享

經過三次催眠，除左解決左失眠困擾之外，我老公覺得我最大嘅轉變係個人融和左，開心左

因為以前一傾到工作上嘅忟憎事，佢覺得我係咬牙切齒咁講，而依家係覺得我係當笑話咁分享
俾佢聽，唔會投放太多情緒

自己就覺得，無論係咩事都係取決於自己一念之間，以前會驚人地點講點睇，其實… 控制自己思想同行為先係皇道，真真正正善用自己嘅時間，唔會再同怨恨嘅情緒糾纏，唔會再把口話人浪費我時間，但偏偏又花時間去嬲人地，更加唔會委屈自己去迎合別人無理嘅要求，因為依家明白到對自己好先有能力對別人好，無底線地幫人唔係唯一對人好嘅方式，適當地拒絕都係幫人嘅其中一個方式😆

見到你咁大進步，我都好開心

最近有個舊同學搵我呻下佢婚姻問題，其實來來去去都係果d 野啦，以前聽到人地呻，自己又會覺得大家同病相憐好撚可憐，但依家聽完已經冇左呢種想法😂

你介唔介意我遮住你個名，share 呢篇催後感？我相信會鼓勵到好多人

同埋最近見到我老公父母，冇左果種不安，嫌惡，憤怒嘅感覺，仲可以應酬式答幾句

至於佢其他家人，暫時未見面，未知自己會點，但最少我會有信心自己應付到，可以控制到

很好

你介唔介意我遮住你個名，share 呢篇催後感？我相信會鼓勵到好多人

梗係唔介意啦～　咁我平時都見你有 share 其他人嘅感想，我都想其他有困擾嘅人，可以行多一步幫自己

多謝你😊

# 拯救者的迷思

很多時候，不少人想做一些事去幫人。我會如何釐定幫人行爲，是否成功呢？（其實我不太想用「幫」這個字眼）

我這樣判斷：

讓對方感到這個世界原來還有溫暖
完成後，對方有能力幫自己
之後，對方願意在他人有需要的時候，做相同的事

符合以上幾點，我會定義爲成功。怎樣樣定義爲失敗的幫人行爲呢？

養成對方倚賴或老奉心態，更加不負責任
並非針對對方需要，只爲滿足自己好人光環
自己被索取到身心枯竭（burn out）

每一屆催眠治療師課程，總有學員會問類似問題：
「我有個朋友成日都好負面好消極，我可以點樣搞掂佢？（**我朋友經常負面消極，怎樣治好他？**）」、
「我有個好姐妹成日都迷戀渣男，我可以點樣救佢？（**好閨蜜迷戀渣男，如何拯救她**）」、
「我覺得我老公一啲都唔靈性，我可以點樣改變佢？（**我先生缺乏靈性，如何改變他**）」

通常我都會先問一問：「究竟是你自己想對方改變，還是對方自己想改變？」

如果對方想改變，只是無力改變，或不懂方法，你可以看看有甚麼能夠從旁協助；如果對方暫時無意改變，尊重他的選擇便可。

往往我聽到的回應是：「但係佢咁樣繼續落去，眞係唔掂喎。**（但是他這樣繼續下去不行啊）**」

這種心態，根據卡普曼的「受害三角理論」（加害者、拯救者、受害者），這是「拯救者」心態。一旦陷入這種角色，就會不自覺地，相信了別人不夠好，自己比別人高明和偉大，務必將自己覺得優越的一套，由上而下的，強加於他人頭上。

常見版本，例如：
女朋友：「我想改變你都係爲你好啫，如果你愛我，你應該爲我而改變囉。**（我想改變你只是爲你好，如果你愛我，你應該爲我改變）**」
丈夫：「而家我養你唔起咩？得閒行吓街、做吓 facial 咪好囉，點解仲要出去做嘢咁辛苦？**（現在我養不起你嗎？閒時逛逛街、做臉不就好了？爲何要到外面辛苦工作）**」
阿媽：「你成日追求理想，邊有前途㗎？你睇吓陳太個仔，做銀行搵咁多錢，幾叻仔呀，點解你唔學吓人吖？**（你整天追求理想，哪有前途？看看陳太兒子當金融業掙很多錢，多出息！爲何你不學習一下）**」

如果你是這些拯救者眼中的拯救對象，對方無視你的意願和感受，強行將自己覺得「爲你好」的一套，加諸在你頭上，你又覺得怎樣？這個時候，拯救者就會變成加害者 —— 一個強行將自己意願加於別人，而造成別人壓力甚至困擾的人。

當別人拒絕拯救者的「好意」，或者花了許多氣力，被拯救的對象也沒有多大改善，甚至因爲拯救行爲，吸引了別人慣性倚賴 / 索取（俗稱老奉），這時候，拯救者就會變成受害身份 —— 覺得別人不識抬舉、被人辜負，或被人慣性倚賴 / 索取，覺得很受傷害。

這樣的話，是不是應該任由對方自生自滅？

當然不是。

「任由對方自生自滅」，是帶著負面情緒看待對方，甚至意味著以冷漠態度，報復對方曾經拒絕你的好意。而尊重對方意願，是尊重對方有權揀選想要的方式過活。如果日後對方有煩惱，需要求助、想改變，你也可以提供協助，例如陪伴、聆聽，或者你懂的方法技巧，例如輔導、催眠治療、帶領冥想 / 靜觀等等，絕不強加於人。

我過往的案主之中，偶然也有些從事社工或者輔導工作的人。

當初入行時一腔熱誠，高呼「我要幫人，幫得愈多愈好」，將自己置於拯救者的角色。然而隨著年月過去，當然有部份求助者會受惠，也不自覺地，訓練了許多人成爲倚賴者，導致自己也身心俱疲，十分枯竭。

可謂激到吐血。

細談之下，問題不是出在知識技巧上，而是方向上需要稍爲調整。建議將「幫人」，調整爲「協助他人幫自己」，界線其實很容易理解：

前者是爲他人的人生負責，承擔別人的人生責任，養成別人不需要爲自己人生負責；後者是啓動他的爲自己的人生負責，協助他人建立爲自己承擔人生責任的能力。

前者會愈做愈枯竭，要麼累積沉重負能量，要麼怕太投入吃不消，漸變成抽離冷漠；後者是長做長有，看見愈來愈人受惠，愈來愈輕鬆快活（像我）。

# 用忙碌去療癒情傷，何時有效？何時無效？

話說剛剛星期日的催眠課堂上，大家討論「失戀傷心，令到自己忙碌去忘記傷痛，幫助自己復原，是否有效」這個問題。

大家見過好多例子，甚至可能在自己身上發生過，有時有效，有時無效。甚至見過同一個人，爲何上次失戀有效，這次失戀又無效呢？

背後原因是甚麼？

我們要先了解一下，一個人失戀時，導致傷痛的原因。

根據觀察，不同情況之下的失戀，傷痛程度都有深淺輕重之分。一般情況下，因互相理解而和平分手，雖然都會不開心，但痛感會相對比較輕；覺得自己付出一番好意被辜負，會較傷心；覺得被背叛、被出賣、被欺騙，傷痛會更嚴重一點。

如果加上分手時鬧翻，互相攻擊，比前面再嚴重些；如果當中涉牽情緒勒索，不斷扭曲自己，委屈自己以討好對方，最後仍被辜負、背叛、出賣、欺騙、攻擊，比上述情況更加嚴重。

另外有一種，當對方不辭而別，令主角非常不甘心，覺得「乜我唔值得一個好啲嘅分手方式 / 更好交待咩？（**難道我不值得一個更好的分手方式 / 更好的交待嗎**）」

尤其在情緒勒索之中，對方以引發你罪疚感去操控你，當你極度需要對方肯定，去感到自己的價值，最後仍不得要領，自我價值就會崩潰。

縱觀上述種幾種分手模式，傷痛程度跟自我價值被貶損程度成正比 —— 換言之，自我價值被貶損得愈厲害，就會傷得愈深同痛。

當然，如果對方成爲你肯定自我價值的唯一來源，一旦失去這個來源，你就會覺得自己毫無價值，不出事才怪。

回到文章最初的問題 ——「失戀傷心，令到自己忙碌去忘記傷痛，幫助自己復原，何時有效？何時無效？」

首先我們要明白，「畀好多嘢自己做，令到自己好忙（**找很多事情給自己忙**）」無論你瘋狂 OT，去做義工又好，去找多個興趣班也好，只是行爲層面的事。

關鍵不在於行爲，而是背後的心態。

如果你令到自己很忙，只想令自己無時間思考去麻醉自己，逼自己忘記裝作無事，這不會有效。因爲這是將痛傷情緒掃落地氈底，你再忙也好，總有夜闌人靜的時候嘛！到時那些傷痛就會重新浮面，令你更加痛苦難受。

反之，如果你令到自己忙碌，爲了擴闊視野、去做一些一直想做而未做的事、探索自己更多可能性，成爲一個更優秀更自愛的自己。

成為一個更有能力去肯定自己價值的人。你的自我價值，不再需要建基於對方是否寵愛你、是否浪子回頭、會否向你道歉……而是源於自我肯定。

即使偶然再想起過往分手的不快經歷，你已不受影響，處之泰然。

關鍵不在於是否令自己忙碌，而在心態。

# 聆聽者的迷思

這次要講的 case，案主向我求助時，表示最近被男朋友冷落，覺得好難受。

好多人處理這類個案，第一時間會聚焦教案主跟男朋友如何溝通，然後花大量時間跟案主研究溝通方法。

方法並非不重要，治療師最需要做的，並非提供這類建議給案主。因爲今時今日這個年代，要做一件事，最不缺的就是方法。

只要上 Google，或者行入書館，甚麼《溝通十八招》、《與男朋友相處之道》，眞是要多少有多少啊。

既然方法唾手可得，爲何大部份人仍然無法好好執行？

處理心因，比提供方法更迫切。如果心因未處理好，即使有方法在手，執行上來都會心不甘情不願，或者好容易放棄，走兩步又退後三步。

要留意的是「男朋友冷落我」，只是案主對事情一個解讀。有這個解讀，自然會感受到不被重視，所以會感受到不開心。

再說回案主的故事，男朋友有一段頗長時間，工作上有不如意都不跟她說。

我們要了解這件事有兩個部份：「男朋友有不快事不跟我講」，這是客觀事實；而「他冷落我」只是主觀判斷。

案主不開心，關鍵並非男朋友是否跟她講心事，卻是源於「男朋友有不如意事不跟我講」=「他冷落我」，重點是這個「=」。

爲何案主會將兩件事劃上等號？

一個人有心事，無論是否講，其實眉頭眼額旁人都很容易看得到。

想聽對方講心事，原本的初衷，是「想紓緩你情緒」，焦點放在對方的感受上面。

但係如果對方未 ready，而你仍然想對方講，甚至乎迫對方講，焦點就變成「我要聽」，初衷就改變了，由想紓緩對方情緒，變爲滿足自己想取得資訊。

換轉角度，當一個人有不開心的事情，如果不想講，有很多可能：

有部份人，口頭覆述事件的時候，腦內會重現當時的畫面。也就是說，當你要求對方講述痛苦經歷，他感受上可能會重歷一次這個痛苦，所以不想再提。

對方有不如意事，曾經跟你分享過，而獲得的回饋，並非舒服的回饋。例如不少家長會怪責子女爲何有心事不跟他們講，其實小朋友最早期的時候，無論開心與否，都必然會跟父母講。直至到有一天，小朋友發現有心事跟父母講，會「賴嘢（**惹麻煩**）」。例如父母同回應他：「我都話㗎啦（**我早警告過你了**）」、「人哋同你玩吓之嘛，做乜咁小器（**人家跟你玩玩，爲何這麼小器**）」。久而久之，就會有心事都不想講。對方都察覺到你有負面情緒，唯有講少一點。因爲每多講一句，就好像爲你的負面情緒，繼續加添燃料一樣，只會燒得更嚴重。

出於保護你，對方有負面情緒自己處理不到，亦都不想令到你不開心，所以不想將自己的負面情緒，加重你的負擔

而大部份的人，見到親密的人有不開心事沒有分享，如果只係歸咎於「他冷落我」、「他不當我自己人」，甚至乎「他身有屎」，關係想不變壞也難。

一個人未 ready 表達的時候，如果你強迫他表達，他也會覺得你好煩。

很多人以爲一個好聆聽者，是願意聆聽對方，其實只說對一半；一個好的聆聽者，亦需要在對方未 ready 表達的情況下，尊重對方的沉默，容許對方有沉默的空間。

任何人際關係糾紛，都是基於感受到不被尊重，即使對方並無這個意圖亦然。這個案裏面，雙方感受到不被尊重的地方有少許不同：

女方感到不被尊重 —— 你有心事不跟我講
男方感到不被尊重—— 明明我不想講你仍催逼我講

而其實雙方的動機，都是出於愛：

女方 —— 我想聽你講心事，因為我愛你
男方 —— 我有不開心事不想跟你講，因為我愛你

而似乎案主腦中有一個機制，當聽不到男朋友講心事，就自動定義為「你冷落我」，因為連結了自我價值。

自我價值不穩固的人，很容易會因為外在因素，感到自身價值被貶抑。所以，我這次用前世回溯的方式，帶她回去過往自我價值最健康的前世。

在那次前世的畫面當中，她見到自己是個醫生，幫助過好多人。不單止幫助過的病人很感激他，那些病人的家屬，也十分感激他。

感受到一個健康的自我形象，令她重新感受到那種輕鬆自在。於是我用一個「心錨」技巧，帶她擷取這種輕鬆自在的感覺，移植到現世的自我形象裏面。

有少少似手機的截圖，只是不在手機中進行，而在腦海中發生。

我經常講技巧是死的，人是活的。

意思是，技巧你可以由完全白紙一張，由生疏練到極之純熟；然而要懂得從人性角度，去解構案主心結，找到準確治療方向，你的技巧才可以發揮得更加好。

# 你要處理的不是遲到

上星期的課堂中，到了示範環節，我問同學有哪位想出來做現場轉化。有一位我想不到會主動舉手的同學，想我爲她做轉化。

爲何我對她的主動感到意外？

這同學平時沒有甚麼表情，即使有時上堂去到很過癮的內容，人家哄堂大笑，她也沒有表情，好像感受不到大家的歡樂。這是今屆的第四堂，幾堂以來，我不斷聽到她說「我份人很理性」。其實真正很理性的人，甚少會經常將這句說話掛在口邊。

正如經常說「我爲人好講道理 / 好公道 / 好中立」的人，往往並非他們想像中般講道理 / 好公道 / 好中立。這個說辭，只是爲了將自己的思維或者行爲模式合理化。他們很嚮往自己可以好理性 / 講道理 / 好公道 / 好中立，卻往往是真的。

真正理性的人，會明白人必然有理性和感性的面向。人不需要，亦無可能 100% 完全理性或完全感性。當人經常迴避自己感性部份，就會不斷強調「我份人好理性」。

這類人往往在不穩定的環境中長大，例如身邊親人可能經常出現情緒不穩定的狀態，導致家中衝突多多。於是從小到大，他們直覺中，就覺得感性的東西，例如感情、情緒、感受，是很危險的，會影響判斷。於是長大後會迴避感性這回事，情緒感知像關了機似的。生活上萬一眞的需要處理感性問題，整個人就會當機。

我以前認識一位教授，精通心理學，每逢老婆不開心，就用不同心理學派的理論，去分析給老婆聽，爲甚麼會不開心。

結婚兩年後，老婆決意和他離婚，只留下一句「我頂你唔順（**我受不了你**）」，他感到莫名其妙。

迴避感性，同時也迴避自己的情緒需要，更不想自己的情緒需要展示人前，害怕被人覺得「不理性」。

果然，我問那位學員有甚麼想處理？她只是說：「無呀，想 feel 吓咋。（**無，只想感受一下**）」

我說，如果只是想「feel」一下，那就不必了。何不將機會留給眞正有心結想處理的同學？她改說，想糾正遲到的習慣。

如果經驗不足的新手治療師，聽到這裡，就會開始著眼處理她的遲到問題。然而，這只是一個表象。反覆提問之下發現，卽使有遲到習慣，對她也沒有甚麼影響。朋友沒有太介懷，工作上連上司都妥協了。

似乎只是無傷大雅的程度，旣然沒有影響，又有必要處理嗎？她卻堅持要做，卽是說，眞正要處理的，不是遲到本身，而是背後一些隱藏心結。

我問她，假設正要出發去一個必須準時的場合，但眼看一定會遲到了，會有甚麼心情？

「好驚俾人鬧。**（好怕被人責罵）**」

終於有一個出自她口中的情緒描述了，而且說這句話時，一向沒有表情的臉，開始情緒波動。

我請她閉上眼睛，感受一下最害怕被誰責罵？

「媽媽。」她聲音開始顫抖。

原來成長的過程中，媽媽給她的印象，是情緒經常大上大落，常常都大聲責罵她，有時更會講一些很傷人的說話。她一邊嚎啕大哭，一邊說：「佢成日都有佢講無我講㗎。**（經常只有她說 ，不容別人搭嘴）**」

言語有時猶如刀劍，長期被母親否定、不被聆聽，即使案主已經長大，而且已經成爲一位學校老師，然而這份傷痛和恐懼，卻一直藏在心裏纏擾不散。

還能流淚已經很好，將一股假裝不存在的傷痛宣洩出來，總比長年累月鬱在心裡好得多。然後我就著眼處理她和母親之間的關係。

如果沒有之前的抽絲剝繭，像查案一樣，從蛛絲馬跡之中找到核心，就會有如隔靴搔癢，根本抓不住重點。

每一個人都有避痛的傾向，這是一項人類本能。隨著歲月，人人形成一套不同的避痛策略。

有些人避痛，會不容許自己犯錯，覺得「別人就沒有藉口爲難我」，害怕犯錯，導致終日緊張兮兮。有些人避痛，會渴望成爲好好先生好好小姐，不斷滿足他人，覺得「別人就會喜歡我」，導致討好型人格。

有些人避痛，會一天到晚惡形惡相，覺得「咁就無人可以蝦我（這樣就沒有人可以欺負我）」，導致不斷樹敵，衆叛親離，十分寂寞。策略不一而足。

有些卻如今次的主角，爲了避痛，冰封了自己的感受。自詡「我份人好理性」，的確可以令自己感受不到痛，卻連感受快樂的能力也關了機，著實可惜。

假裝自己的感性不存在，不等於理性；願意接納自己也有感性的面向，才是眞正的理性。

分享催後感:

好多謝 Sam Gor 星期日幫我做催眠，打開咗我個新世界

終於有少少明白咩叫做『邏輯會帶你由 A 去 B，而想像力可以帶你去任何地方』✨

接受完催眠之後呢兩日個人一直都維持好心情，感覺非常良好，而且好似同人傾計交流嘅時候可以慢少少，留意多咗啲啲微表情

我之後會容許自己愈來愈進步
多謝各位同學嘅幫助同帶領
亦都再次多謝 Sam Gor

14:20

# 如果我願意變但他不願變，怎辦？

最近接了好幾宗處理親密關係破裂的個案，市道不景氣之下，人與人之間的關係更受考驗。雖然「患難見真情」，有時也會「患難見真章」。

處理親密關係的問題，很多時會遇上幾個誤區：

將焦點放在「箍煲（**挽回關係**）」，而非處理自己盲點，也無視對方的內在需要。

無論是最後是復合還是分道揚鑣，只是果，而不是因。我聽過許多類似「你可唔可以俾個方法我，可以綁返住我老公（**你可否給我一個方法，讓我綁住老公的心**）」的要求，事主可能已經抓破頭皮也想不到辦法，就誤將我當成甚麼玄學家甚至降頭師。

催眠治療其中一個技巧，就是邀請案主代入對方的角色看事情，進而讓案主可以同理對方，感受對方的感受。

試過有幾位案主表示：「我代入唔到佢！（**我無法代入他**）」。我初入行時，遇到這情況，眞是「企咗喺度（**束手無策**）」，覺得很難 handle。

現在我會告訴案主，如果你無法代入對方，可能是一個很好的發現。可能平時很少去留意對方的內心世界而不自知，往往只是想當然地：「我對佢咁好，佢唔係唔知下話？（**我對他這麼好，他無可能不懂吧**）」

對方關心的是甚麼、恐懼是甚麼、因何而喜、因何而悲、痛點在哪，都察覺不到，一味糾結於「我已經做咗好多嘢，唔通係我錯呀？（**我已做了這麼多，難道是我錯**）」、「佢唔係咁都唔就吓我下話？（**難道他這樣也不遷就一下我**）」，這是無濟於事的。

將焦點放在誰對誰錯，找治療師好像爲了找個人幫自己評理。

有一段時間，我很喜歡聽車婉婉在電台的星座節目。她絕少討論星座運程，只是根據不同的星座性格，去解答聽衆來電的愛情問題。

有一次，她指出一位女聽衆的盲點，並建議該位女聽衆有時也要體諒男友。對方十分憤怒，即時發作，破口大罵：「你做乜幫住晒啲男人啫？你係女人都唔幫返女人㗎！（**爲何你偏袒男人？你身爲女人爲何不站在女人一方**）」

車婉婉很平靜地回應：「我相信你身邊可以搵到好多乜都同意你，同你一齊鬧男友嘅好姐妹。如果咁樣就叫做『幫』你嘅話，我真係幫你唔到。（**我相信你可以找到很多凡事也同意你，跟你一起罵男友的好姐妹，如果這樣才是『幫』你的話，我無法幫忙**）」

執著「我對，你錯」，往往將自己置於受害者位置，由於信奉了「責任不在我方」，便會放大了自己的無力感。而同時又會將自己置於道德高地，不自覺地享受了道德光環。

另一方面，當你強迫別人表態，「一定」要和你同一口徑、「一定」要跟隨你去一起憎恨你眼中的特定 target，對於被你強迫歸邊的人，你何嘗不是另一種加害者？

退一萬步講，就算你真的找到一堆和你「同聲同氣」，對男人充滿怨恨的「好姐妹」。到時左邊一個李莫愁、右邊一個滅絕師太，除了一起同病相憐，將怨恨情緒互相交叉感染之外，對你改善關係、走出困局，請問有甚麼幫助？

逃避檢視自己，將焦點放在「我覺得我無問題，而係佢好唔掂，我想救佢，不如你幫我催眠吓佢（**我覺得我無問題，他很大問題，我想救他，你幫我催眠他**）」

受害者和拯救者情意結，共通之處是都有一種「我對，你錯」的傾向，而且都是將自己置於道德高地。當然，同樣也信奉了「責任不在我方」，認爲需要改變的全是別人，而不是自己。

比起受害者情意結，拯救者更會以「我爲你好」，來合理化自己的行爲。他們往往對「要處理與其他人的關係之前，先要處理和自己的關係」不理解。

「如果我肯改變但佢唔改變，咁點先？（**如果我願改但他不願變，那怎麼辦**）」

Come on，這不是一場比賽，不是鬥改變得少便算贏，自己變得比對方多算輸。更不是一場交易 —— 改變自己，只爲交換對方肯改變。對方如果懂得欣賞你的改變，固然是美事；不然的話，你已變成更好的人，對得起自己。

曾經有網友，對配偶和其他異性藕斷絲連很是惱恨，覺得他死性不改。自己很不甘心，留在一段不快樂的關係，也無法走出情緒困局。好像有朝一日要看到他浪子回頭，才肯罷休。

我問：「如果佢一世都唔變，你係咪一世都唔容許自己快樂？**（如果他一世都不願變，你是否一生都不容許自己快樂）**」

對方要不要變，是對方的課題；你想不想重掌自己的情緒主導權，是你自己的課題。世上最蠢的，就是妄想偷取別人的人生課題，而同時又將自己的人生課題，推給別人。

# 盈與缺

大家有試過有朋友向你訴苦嗎？問你「我男朋友 / 女朋友經常向我講大話，我如何處理」時，你會怎樣回應？

很多人一聽到別人如此求救，便會很急於爲對方提供一條出路。

看看 Facebook 或者網上討論區，每當有人提出各種生活問題（尤其感情問題），必然會有很多人衝出來充當軍師，很熱烈地向事主教路應該怎樣做：
「呢啲人信唔過㗎，快啲走啦（**這些人信不過的，快點離開**）」、「一於佢做初一你做十五，佢點對你你又點對佢囉（**你不仁我不義，以彼道還施彼身**）」、「有時你要發吓脾氣，佢先會緊張你㗎嘛（**有時你要耍性子他才會對你著緊**）」。

然而眞的對事主好嘛？除了做軍師之外，還有一些人很渴望做判官，去批判他人。

「唔通你成世又無呃過人咩？同你講眞話咪盞俾你鬧！（**難道你一生沒說謊，跟你坦白又被你罵**）」、「肯定佢出面有第個！（**肯定他在外面有小三**）」、「呢舖肯定係你啱 / 唔啱啦，我撐 / 唔撐你呀！（**這次是你對 / 錯了，我支持 / 不支持你**）」

這些意見，往往只從自己角度出發，甚至投放了自己的偏見和情緒。就算那些意見合用，對事主亦未必是好事，變成了代替事主去思考，令事主成為一個倚賴者。

無論做軍師或判官，都有很大的快感，可以令人產生智慧或道德上的優越感。有時純粹想網上吃花生，坦白說，我偶然也會手痕這樣做。

但如果作為朋友的聆聽者，或者做催眠治療的時候，想真正協助案主走出解除心結、傷痛困局，便需要避免做軍師或判官。這裏分兩部份，第一部份是處理情緒、第二部份是釐清思路。

一個有情緒困擾的人，首先要處理的，並不是行動層面上「如何做」。

如果未處理好身心狀態、未釐清自己思緒，無論考慮應否分手、辭職、創業、移民，一來狀態不好就容易做錯決定，二來會帶著不快樂情緒去執行，亦會做得不好，甚至陷入自我內耗的狀況。

先處理好事主情緒的意思，主要分兩個層面：

· 緊急的情緒
· 深層的情緒

假設你是一個醫生，一個癌症病人來求診，而該病人同時亦流血不止，你會先為對方醫癌症，還是先止血？

當然是處理流血不止，因為有即時危險。緊急情緒，例如憤怒、恐懼、怨恨、焦慮、悲傷等等，持續被以上情緒困擾，不但言行上可能會傷人傷己，亦會嚴重影響健康。

至於深層情緒，是指自我價值低、充滿無力感、沒有安全感等等。這些往往與成長經歷有關，例如童年時目睹父母經常爲錢吵架，長大後就可能很著緊金錢，影響與伴侶關係；又或者父母間夫妻感情很冷淡，時不時互相單單打打，長大後就有機會以相同模式與伴侶溝通。

一個人長大後怎樣看世界，決定這人如何觸發情緒；而看世界的模式，往往從童年已經開始建構。所以，療癒好成長傷痛，對療癒情緒，有莫大幫助。

坊間有許多情緒療癒方法，其中一種，是鼓吹寬恕。我個人並不反對寬恕，我比較關心的，是如何達到這一步。

有些人會提倡換位思考，例如叫你想一想「其實對方都有苦衷」、「其實對方都關心你只不過不擅表達」、「其實對方無惡意，無心傷害你」。

以上說話，可能會是兩刃劍。如果事主接受，固然會釋懷；如果不接受的話，就有機會覺得你爲他眼中的加害者找藉口，甚至覺得你講風涼話。

想深一層，我們不是神仙，無法爲每一個人的行爲，想到他有甚麼苦衷。如果我要說服自己，「其實他們沒有傷害我」，我才可以釋懷的話，豈不是將我的情緒主導權，外判給別人？我們無法否定世上有些人真的有惡意，但這也是對方的課題；我是否容許對方影響我，就是我的課題。

所以今次的案主，我協助他釐清一點，其實能否走出傷痛，關鍵不在於對方有否騙你，而是你如何自處。如果你能夠確認自己的自我價值、好好愛自己，無論對方是否誠實，也無法貶損你。

至於釐清思路的意思，是協助案主搞清楚，自己想要的是甚麼？許多案主，談到和伴侶的恩恩怨怨，其中最常聽到的，就是覺得自己很愛對方，但卻被對方辜負，非常不甘心。很多流行曲或者影視作品，經常鼓吹一個觀點，就是愛得愈深，當期望有落差時，就會愈不甘心。

然而「愛」和「不甘心」，雖然很容易混淆，卻是截然不同的兩回事。

愛的狀態是「盈」，不甘心的狀態是「缺」。

神劇大時代之中，慳妹對龍紀文說：「我同你都愛阿博，你愛佢嘅方法係留低，而我愛佢個方法，係離開。（**我跟你都愛阿博，你愛他的方法是留下，我愛他的方法是離開**）」

協助案主釐清究竟是愛？還是不甘心？非常重要。

正如你經過草地，如果見到一棵鮮花，覺得很喜愛，可能最好的方式，並不是摘走，而是讓鮮花留在原地。最近澳門一宗悲劇，一位女網紅因爲情緒病輕生。另一女子被指搶她男友，即使那女子否認，在網上多番以勝利者姿態，揶揄自己男友的前度，卻是有目共睹。

這女子以爲這是愛男友的表現，其實不然，這只是霸佔。因爲這是一個「缺」的狀態，而不是「盈」。愛一個人是處於一個「盈」的狀態，你所愛的人，人生旅途上曾經有人眞心待他好，你是會心存感激的。即使做不到感激，也不會視之為敵。

處於「缺」的狀況，將男友視如財產，而不是活生生的人。恐怕被他人搶走，才會視男友的前度為敵，欲除之而後快，於是甚麼醜陋的事，都做得出來。

# 滿足他人目光很痛苦？反之亦然！

一向來做情緒治療的案主們，很多時痛苦的來源，很大比重是因爲太在意他人目光。

這很容易會變成討好型人格，無法肯定自我價値，自己的價値要取決於人，當遇上吝嗇讚賞，甚至以貶低他人爲樂的人，就會很容易受傷，永遠都覺得自己「不夠好」。

爲了得到他人肯定，就會強迫自己的言行符合他人期望。但他人的期望，往往浮動不定，於是便令自己無所適從。萬一遇上立心不良的人，更會被對方操控。

原來，有相反模式的人，也一樣很容易有情緒困擾。

剛剛的星期六，在催眠班的課堂，一位學員向我提及職場上的煩惱。原來有一位同事，以前還好端端的，自從一年前因爲一些辦公室小風波，從此就對她黑口黑面。

說這事的時候，她面容十分繃緊，語氣也帶著煩躁。

處理這類事情，多數人也會循最沒效果的方向去處理，就是糾纏於誰對誰錯。人與人之間的糾紛，往往是因爲感受到不被尊重 —— 無論雙方是否有這個意圖。所以涉事者往往認爲問題在於對方，自己是因爲對方的不當行爲，才導致不快。

即使任何一方被「證實」不對，也會不服氣。所以我沒有糾纏誰對誰錯，只是問她感受到甚麼情緒。

「我覺得大家返工，唔使咁啫！（**我覺得大家公事上不必這樣吧**）」、「我覺得佢好無聊囉！」

我告訴她，以上的不是情緒，而是想法。

認爲別人的行爲不符合某些準則，甚至無聊，可以伴隨著不同情緒：例如憤怒、不耐煩、不屑、鄙視，也可以是好奇或有趣，有些認爲自己比對方高明的人，甚至可能有優越感。而她卻無法準確說出她的情緒，只是不斷重複上面那兩句說話。

不少人也會這樣，將想法和情緒混淆，有兩種可能：
(1) 情緒詞彙不足 (2) 正在迴避自己的情緒

幾經引導之下，她才講得出，原來覺得憤怒 —— 講得出甚麼有情緒，已經是一種進展。

我留意到，她心目中似乎很多「應該」、「不應該」。當那位同事的行爲，不符合她那套「應該不應該」，她就感到很憤怒。

我笑著問她：「咦，似乎你干涉緊佢嘅面部表情喎。（**咦，似乎你在干涉他的面部表情**）」

她像叮一聲似的：「咦……係喎。**（咦，是喔）**」

我再問她：「你嘅情緒係屬於你嘅，當然你有權嬲；佢塊面係屬於佢嘅，佢有冇權決定點樣運用佢嘅面部肌肉？**（你的情緒屬於你，當然有權憤怒。臉頰是他的，他有沒有權決定如何運用臉頰肌肉）**」

她原本繃緊的表情，開始緩和了，略帶笑意的：「……有。」

有些思緒她好像已經打通了，這是一個好開始。

本文開首指出，討好型人格的人，會不斷要求自己的行爲，符合他人期望，會感到很痛苦；反之，希望他人的行爲，符合自己的期望，也會感到痛苦。兩種思維方向表面上完全相反，其實痛苦來源，卻出奇地一致。

前者要求自己的行爲符合別人期望，去換取別人的肯定，才容許自己快樂；後者要求別人的行爲符合自己的期望，才容自己快樂。兩者都將自己的情緒主導權，外判他人，試問又怎會快樂呢？

昨天做了一個 case，案主已有一段長期在傷痛情緒之中，走不出來。

原來因爲前度愛上他人，案主很受傷。對於前度一直沒有回來好好道歉，案主耿耿於懷。案主將自己的自我價值，取決於「那個他」有沒有回來道歉。我沒有向案主說教，講甚麼「你要原諒寬恕他人」呀、「他也有他的苦衷」呀之類的說話。

我只是引導案主看到，對方無論有沒有足夠勇氣、智慧和意願向妳道歉，是對方的課題；而無論對方的課題如何，也無法阻止妳肯定自己，更無法奪走妳愛自己的權利。

事實上，世上沒有人，可以阻止你愛自己，除非得到你同意。

# 自卑、羨慕與妒忌

最近做了一宗 case，案主告訴我，經常被自卑感困擾。例如怪責自己以前各項決定，不斷對自己說：「如果以前我咁咁咁做，而家就唔使咁啦（**當初我這樣做，現在就不必如此了**）」、「點解我嗰陣唔行嗰一步呢（**爲何當時我沒有行那一步呢**）」，每天陷入嚴重內耗之中，十分痛苦。

許多人有時混淆了自卑感與自卑情結。在一般人的認知當中，普遍認爲自卑感是不好的。關於自卑，最早提出的，是被稱爲「心理學三大巨頭」的阿德勒 (Alfred Adler)。他指出，每一個人也會有自卑感，與別人相比時感到的不足，又或者在幼年時，需要倚賴其他人才可以生活，所產生的無力感，就是自卑感。

有自卑感，十分正常，甚至是觸發人去進步的推動力。所以，人不需要爲了自卑感而感到羞恥。本地心理學家顧修全亦曾經講過，每一個人都會有自卑感。自卑感就像一隻狗。如果訓練得好的話，這隻狗就會成爲你的好朋友，而且會好好地保護你和陪伴你；否則，就會傷人傷已。

而自卑情結，就是指：

放棄以正面行動消除自卑感，並且開始把自卑感當藉口來使用。例如：

· 攻擊
· 開始嫉妒或批評成功之人
· 自吹自擂
· 藉由炫耀自己的成功之處來掩蓋自卑感
· 炫耀不幸
· 刻意說出自己的失敗處，以博取他人同情，而非從失敗的經驗中學習到教訓

當我爲案主做記憶回溯時，畫面回到她童年的時候，看見自己在學校之中，鬱鬱寡歡的模樣。原來在她讀書的時期，看見很多同學，無論學業成績、外貌、家底，都好像優越過她許多，令她又羨慕又妒忌。

久而久之，就在小小的心靈之中，就經常質疑自己。一個經常質疑自己的人，自然會不斷後悔自己各式各樣的決定。

在華人社會當中，許多時會誤會了「踩低自己 = 謙虛」，所以會出現許多諸如「犬兒」、「賤內」、「寒舍」之類的字眼。

在我童年時的農曆新年，親戚之間的聚會中，許多時見到那些大人向人介紹自己的子女時，都會說：「我個乞兒仔乞兒女呀！」

當時我不是味兒，心裡想：「大家搞丐幫大會呀？」

社會上亦有另外一種想法，覺得不斷貶低自己的子女，可以刺激子女的向上心態。

這些小孩長大了之後，腦海複製了父母的做法，以爲不斷貶低自己，就可以刺激自己向上。在九型人格當中，某些號碼，的確會容易被這類刺激觸發推動力，其他大多數號碼較難產生這種效果。

換言之，無論貶低子女，或者貶低自己，企圖去提升推動力，就像賭博般，其實是輸多過贏。反之，看過不少長期被父母貶低，或自己貶低自己的人，原意是鞭策向上的動力，卻導致整個人自我形象低落、做事畏首畏尾，甚至不自覺用了相同的方式與人溝通，終日貶低與否定他人，不時無必要地樹敵，於是人際關係欠佳。

覺得自己甚麼都錯，這是一個極端。反之，被自卑情結支配的，有些人會走向另一極。

就是極度自我膨脹，將自己捧到天一般高，自己永遠偉大光榮正確，無視其他人也有優點，一但有些東西別人勝過自己，就憤怒得像天塌下來；永遠自己沒有錯，有錯總是別人的錯，自己的道理就是道理，總之責任不在我方，永不檢討。只聽得進阿諛奉承，卻容不下半點不同意見。

兩種極端，都只會將自己推向衰敗。

世上不存在只有缺點沒有優點，或只有優點沒有缺點的人。人生幾十年流流長，總有一些決定是對，一些決定是錯，又怎會對或全錯呢？

同樣地，當我們羨慕別人，可能對方眼中，也介意自己某些不足；當你覺得自己一無是處之時，可能在別人眼中，你也有別人羨慕，而自己沒有留意的地方。

所謂「你睇我好，我睇你好（**你看我好，我看你好**）」，就是如此。

欣賞自己的優點，同時亦接納自己的不足，才是平衡之道。將自己捧到天高，或是踐踏自己如地底泥一樣，都是偏側向某一極。

長期傾側，又怎會不翻車呢？

# 為何分手他沒好好交代？

催眠治療師的工作，就是解人心結。所謂心結，其實是指「未完成的事情」(Unfinished Business)，即是過去留在內心深處且未被處理好的事情，會讓人感到焦慮、緊張或後悔，耿耿於懷。

最近遇上了幾宗個案，案主都不約而同，糾結於前度離開時，為甚麼不好好交代 —— 尤其突然之間要分手。

許多時候，讓人陷入困擾的並非他們口頭所說的原因，那些只是他們以為的問題徵結。然而卻往往因此將自己導向到一些思考盲點，廣東話稱之為「鑽牛角尖」。治療師透過一些提問，可以協助他們疏理思緒。

聽案主講完他們的故事，我問他們，「好好交代」是指甚麼？

「至少都講清講楚吖！」

然後我再問：「你覺得佢哋點樣講，對於你嚟講係『講得清楚』？**(你覺得他們該怎樣說，對你才算是講得清楚？)**」

有些人到這裏會語塞了，有些會繼續說下去：「如果佢出面有第個，咪話俾我聽囉！我會接受㗎！**(如果他在外面有小三，不妨講清楚，我會接受的)**」

其實，這些不是真心話。

人往往會高估自己對突發情況的接受程度，看見新聞時，許多人會講一些「俾著我就乜乜物物 (**換著是我就怎樣怎樣**)」、「xxx 其實唔難 (**xxx 其實不難**)」的偉論。他們假設了如果自己遇到某情況，會作出最理想的預設反應，其實這些都是不眞實的幻想。

否則就不會有「突然」之說。

甚麼叫「突然」？

人決定離開一段關係，其實沒有「突然」這回事。

所謂「我老公突然要離婚」、「我男朋友突然要分手」、「我女朋友突然表示無 feel」，冰封三尺非一日之寒，都不會是突然發生。

關係去到決裂之前，其實已經醞釀了一段時間，只是很多蛛絲馬跡，被我們忽略了，或者選擇性不願意去看。所謂「突然」，眞眞正正的意思，其實是指「未準備好去接受」。

當一個人未準備好去接受，尤其是面對一些不想要的事情，又怎會這麼看得開呢？

不排除世上眞有很看得開的人，但如果有上述那些執念，便很難做得到。何況，即使對方願意分手時講清講楚，所講的內容也不一定是眞正原因。這並不代表對方存心欺騙或者虛僞，只是人類溝通的習性。

大家在生活上，要拒絕人時，通常會怎麼說？

直接 say no 的人，往往只是少數。對於推銷員所介紹的產品沒有興趣，直接 say no 的少，講「考慮一下」的多；你的爛賭親戚又問你借錢時，你不會直接說「你咁爛賭，梗係唔借（**你這麼爛賭，當然不借**）」，通常只會說「我都手緊（**我也拮据**）」。

人辭職時，很少會直接對老闆說「你咁尖酸刻薄我頂你唔順（**你這麼尖酸刻薄我受不了你**）」，講「想轉吓環境（**想轉一下環境**）」的多；女神拒絕追求者，不會直接說「好心你就自量吓啦（**好心你就自量點**），又肥又矮又毒又窮」，只會說「你係一個好人，值得更好嘅女仔（**你是個好人，值得更好的女生**）」。

假設前度眞的「講清楚」，分手時留下一些很傷人的說話，你又受得了嗎？反之，如果對方分手的說詞，十分漂亮和體面，你可能又無法分辨眞僞了。

所以，其實沒有一個所謂完美版本的「講清楚」，如果你要得到一個完美的講清楚才甘心，這將是一個永遠不會滿意的糾結。

當然，我無意爲那個離開你的人開脫，對方可能眞是處理得很不夠成熟，也沒有顧及你感受。

我們眞眞正正要處理的，並非對方爲甚麼要離開。因爲眞正理由往往我們無法知道，甚至乎有時連對方自己也不清不楚。我們眞正要處理的，是自己那份不甘心。而不甘心，往往來自那種覺得「應該」的期望

—— 覺得自己付出了許多，對方「應該」如何如何。

當結果和期望出現落差時，那份不甘心便會出現。正如之前我很多篇文章都說過，這正正是將自己的快樂課題，外判在對方手上。

對方的行爲符合自己期望，便快樂；對方的行爲不符合自己期望，就不快樂。於是便會失去快樂的主導權。

有時我們對對方失望，也可能基於是對自己的失望 —— 爲甚麼我留不住他？

有一句講到爛的說話「愛人之前必須要先愛自己」，這句說話人人也懂說，眞正的意義卻是甚麼？

如果一個人的心已經不在你身上，強行將他留在你身邊，已經是一種不愛自己的表現了。

渴望別人對你溫柔，首先你要對自己溫柔，其實已經是一個很好的示範，和你相處需要怎樣對待你。當自己也不夠愛自己，便很容易成爲仆街磁石。如果你都對自己差，便很容易吸引一些對你差的人，別人對你差，也只是跟從你的示範而已。

# 有錢就快樂，無錢就不快樂囉！

早前與幾位朋友飯聚，有的比較相熟，有些不太熟，講到一個話題——快樂。

包括談到快樂的定義、本質、種類，與及如何得到快樂的方法和技巧。

其中一位不太相熟，只係見過一兩次的，突然十分晦氣地打斷說：
「挑！使鬼講咁多咩？如果我有錢咁咪快樂囉，無錢咪唔快樂囉！
**(靠！多講無謂，如果有錢我就快樂，無錢就不快樂)**」

嗯，當然他有他的看法，然而，通常又缺錢又不快樂的人，才講得出這種說話。

我沒有看不起他的意思，因爲我也經歷過又缺錢又不快樂的日子。如果他繼續這種思維，很難避免將來仍然會又缺錢又不快樂。大家知道原因嘛？我們來拆解一下。

爲何肯定這人現在又缺錢又不快樂：
我們小時候，每遇到困難，例如父母打罵、功課困難、同學欺凌，就會渴望眼前突然出現一個神奇外力，像神仙棒一樣，爲我解決一切問題、掃除一切煩惱。

我稱這種想法，叫種「神仙棒情意結」。

童年受動漫文化影響，當年就很渴望有一個叮噹（現稱多啦 A 夢），爲我解決生活上一切問題。有些同學渴望突然出現來拯救自己的，是幪面超人，女孩子就希望擁有魔法少女系列的變身道具。

很多人長大了，「神仙棒迷思」仍然存在，模式仍然是「如果我擁有 xxx，就乜都搞掂晒(**如果我擁有 xxx，就一切順利化解了**)」，只是幻想對象，由動漫素材變成了其他東西。有時是中六合彩、好男人、神靈庇佑。

而那個「乜都搞掂晒(**甚麼都解決**)」，可以是健康、關係、快樂、經濟狀況。

然而，世上沒有單憑一件單一事物，就可以「乜都搞掂晒」的。

有這種幻想，許多時是希望將自己的人生負責任，推卸落那個幻想對象之上。可以斷定，將希望得到的東西，寄托在那個神仙棒，即是那個神仙棒還未擁有，否則也不用「如果」了。

所以也可以推斷，飯局中那位朋友，現在存於缺錢狀態。而且他將快樂門檻定在「有錢」，既然現在缺錢，自然也不快樂了。所以，大家經常觀察到，迷信網上那些有毒金句，例如「如果我找到好男人，我就會幸福快樂」那些人，肯定現在既找不到好男人，又不幸福快樂。

得到幸福快樂，固然還有很多其他途徑，但既然他們將幸福快樂的門檻，局限在「得到好男人」這定義之上，就限制了自己得到幸福快樂的可能性。

爲何肯定這人如果思維不變，將來也會又缺錢又不快樂？

堅信「有錢就會快樂」，其實不了解錢與快樂之間的關係。

錢與快樂之間，有四種可能：
- 又有錢，又快樂
- 有錢，而不快樂
- 無錢，而快樂
- 又無錢，又不快樂

上述四個情況，大家隨時隨地也可以在現實生活中找到大量例子。然而這位仁兄，將思維局限在「我無錢所以不快樂」，阻礙自己了解金錢，財商就難以提高，經濟狀況就難以改善。

人的信念系統之中，只要堅信了某些東西，即使看見和信念不符的事情，大腦也會接收不到。例如一些堅信「總之啲好男人死晒（**總之好男人死光了**）」、「總之每個女人都貪錢」的人，縱使偶然遇上好男人或好女人，也會看不到，就是這個原因。

人對事物產生情緒，並不因爲事物本身，而是因爲對事物的解讀。而金錢其實只是工具，擁有工具，並不保證目的必然達到，還要善加運用。

就像以爲「如果擁有一對靚波鞋，我就會自動變成好叻踢波（**如果有好波鞋，我球技自動會變好**）」、「我買個貴價煲，煮嘢就會好食（**買**

**了貴價煲，我烹飪能力就會好）**」，卻不花時間精神去練習球技或廚藝，結果自然大失所望。

人要改善經濟狀況，許多時候需要學習新的知識、技能，和新的思維模式。若長期處於不快樂情緒，不但自我價值下降，亦會影響大腦吸收和掌握新知識、新技能、新思維模式的能力。

可以說，並不是「有錢所以快樂」，反而是「由於不快樂，所以更難以改善經濟狀態」，比較接近現實。人們很多時說「正正係因爲俾人睇唔起，所以發奮搵錢，威俾人睇吖嘛（**正因爲被人看不起，所以發奮掙錢，讓大家見到我成功）**」，表面上是成立，但其實所謂「威俾人睇」，還是離不開只爲了滿足他人目光，自我價值還是沒有提升，享受不了金錢帶來的快樂。

君不見許多愛拍片炫富，終日想「威俾人睇」的人，驟眼看來十分風光，卻很容易被網上負評激怒嗎？將自我價值寄托在名貴手袋、華衣美服的網紅，由於時常擔心風頭被其他人搶走，往往需要透過濫藥、酗酒來平衡心理的，十分常見。

因爲自我形象沒有提高，心裡還有「我不值得」的心魔存在，縱使偶然嚐到成功滋味，然後忽然會做許多蠢事，去毀掉辛辛苦苦建立的成績的人，更是大有人在。

賺到錢才發現不快樂，和終於擁有高級廚具，才發現自己從來沒有鑽研廚藝，菜式原來仍然難吃，原理是一樣的。

# 失去動力怎麼辦？

最近有一位從事銷售行業的案主來求助，她說害怕業績欠佳，但又找不到動力，希望我協助她重新燃點動力。

以往我也做過很長時間的銷售工作，也訓練過銷售人員。

由於行業性質，從業員經常會遇到困難，例如被拒絕、面對無理客人、業績壓力等，所以要求有很高的心理質素，其中之一，就是要長期保持強大動力。

但人始終是人，要經常都有強大鬥志，也不容易。

這行業有一個不知何時開始的習慣，就是每天都要開早會。主管們每天向下屬喊話，好聽就叫做「激勵演說」，不好聽就叫「捽數（催逼業績）」，務求像打興奮針一像，希望下屬長期也鬥志滿滿。

我認識許多銷售主管，長期為了開早會找話題而傷透腦筋，由孫子兵法、聖經章節，到吸引力法則，都一一講遍了，「講到口臭」，對團隊士氣又有多大幫助？

長期觀察之下，我發現了一個有趣現象，有些業績長期處於榜首的高手，曾經私下對我說：「開乜Q嘢早會吖？嘥我時間阻我做嘢，我寧願攞啲時間去 call 客好過啦！（**開甚麼早會，浪費時間，我寧願用來跑業績好了**）」

至於本身工作意慾不高的同事，聽激勵演說的時候，就好像雄心勃勃，轉頭很快又變回隔夜油炸鬼。早會好像爲開而開似的。

我遇過一位案主，當失去動力之後，主管很關心她，但也離不開一般銷售主管的套路，就是講一大堆「心靈雞湯式人生道理」，女主角儘管頭腦上很同意，但動力卻仍然燃點不起。

問題出在哪兒？

因爲，動力是短暫的。倚賴動力來工作的話，有動力就士氣高昂，無動力就死魚一樣，你的事業會變成怎樣？正如，如果你對你的伴侶，有激情就如膠似漆，沒有激情就將對方視爲陌路人，請問這段關係會健康到哪裏？

如果將焦點放在動機的話，便大大不同。動力許多時是短暫的，動機卻可以維持很久，不易因爲歲月與挫折而動搖。

動機是因，動力是果。

找到動機，動力自然源源不絕，否則有動力都是短暫的。

甚麼是動機？

即是爲甚麼而做？對你的意義是甚麼？我問這位案主：「你賣保險，係因爲咩原因？**（你賣保險爲了甚麼原因）**」

「想搵錢囉！（**想賺錢**）」
「咁你咩原因想搵錢？（**為何想賺錢**）」

她良久也答不上，難怪她找不到動力了。

一件事能夠觸發情緒，並不因為事情本身，而是那件事在你心中代表甚麼？金錢能夠驅動你，並非金錢本身，而是金錢對你來說代表甚麼？

萬梓良在電影中有句經典對白：「做大事三個條件 —— 銀紙、銀紙、銀紙！」聽著很爽，但在現實生活中，如果將賺錢視為唯一工作動力，固然很容易吸引到人開始，但很難支持到你堅持。

做保險又好、開店做生意又好，有時未必立即有盈利。如果這階段，除了賺錢外，你找不到其他對你有意義的價值，很大機會在你未能上軌道賺到錢，便已經灰心放棄了，更遑論建立甚麼事業或者成就。

如何為自己所做的事，找到有意義的價值？可試試連結心理學中，人類的五大基本心理需求：安全感、被愛感、重要感、貢獻感和成長感。

留意，如果只找到以上一至兩點支持自己，並不足夠，至少有三點以上才比較穩固。

【安全感】

不單是指經濟安全感，更指你是否能夠透過你從事的事情，建立面對難題的信心和能力，令你即使面對逆境，都能不亂陣腳，處之泰然。

【連結感】

人天生就需要與其他人愛的連結，思考一下，你希望賺取收入，如何改善你所愛的人的生活？互相支持（友愛）也屬於愛的結連，你找到行業中志同道合、互相勉勵的人（buddy）嗎？記緊！不是那些互相抱怨，講是非度日的「怨婦俱樂部」。

【重要感】

即是非你不可。如果你從事保險，爲甚麼我要跟你買，而不是跟其他人買？你在顧客眼中，是一個值得信賴的人嗎？是一個有交帶，實事求是的人嗎？還是一個只懂打感情牌的人？即使你說「大家識咗十幾年，唔係唔幫襯下話 (**大家十年相識，不是讓我碰釘子吧**)」即使感情牌令你偶然開單，你又可以立足多久？在你心目中，一個可靠的從業員是怎樣？就朝這方向進發吧！

【貢獻感】

多少人能夠透過你經營的事而受惠？你做保險，銷售的不是保單，更加是客戶的幸福；你經營食肆，客人除了飽肚外，如果因爲享受你煮的晚膳，可以暫時忘卻生活煩惱，得到慰藉和歡愉，你又覺得如何？

【成長感】

電影創作中有一歷久不衰的橋段，叫做「小子成長橋」。人是嚮往提升的，觀衆喜歡看到電影主角成長，因爲不自覺將自己代入了主角。現實生活中，看見自己在從事的行業中，由原本白紙一張，無論知識、技巧，由不懂到懂，至純熟、爐火純青，甚至可以突破前人框框，看到前人看不到的盲點，有系統地開發自己的創見，能夠爲人帶來很大的成長快樂。

透過建立以上五點，人自然會感到快樂，亦可以爲你帶來力量，支持你度過各種難關。又何愁沒有動力呢？

# 對方善意或惡意，關你事嗎？

在不同派別的情緒治療方法之中，有一種常見技巧，叫「轉念」（不同派別有不同叫法，這不重要）。

意思是將一件對你有影響的事情重新定義，從而改變原有情緒，產生新情緒。

例如你是個保險經紀，客人原本約你早上八點，在淺水灣某餐廳見面。你預備了兩小時給他，誰知到了現場，他臨時放鴿子不出現。

原本你對這件事的定義，可以係「嘥我時間！唔係爲咗見你，我使晨早流流嚟到呢度？早知就瞓多兩個鐘啦！@%$&*¥ €£$%~ ！**(浪費我時間，如果不是爲了你，我幹嘛大清早來這兒，早知就用來睡覺好了)**」於是你感到不受尊重，損失時間，情緒就充滿怨憤，連當日見其他客人時，心情都受影響。

轉念之後，如果將定義轉爲：「咦，我好耐無靜靜地坐低，嘆住咖啡睇書囉喎。原來呢個鐘數嘅淺水灣係咁舒服嘅。不如趁多咗出嚟兩呢個鐘頭嘅 me time，俾自己 relax 吓 chill 吓啦。**(咦，我好久沒有靜下來，喝咖啡讀點書，原來這兒清早這麼舒服，不如利用這兩小時放輕鬆吧)**」心情就感受到愉悅，當日打後嘅工作，都會得心應手。

這種轉念模式，用來調整情緒非常有效。因爲我試過，很幫得上忙。

然而，另一種轉念方式，我有保留。

我稱之為「猜想他人動機，令到自己好過一點」。

讀中學時，我有個纖弱的朋友，他居然覺得全校女性，包括女老師、清潔阿姐、女同學，全部都愛上他，幾乎連小食部的母貓也包括在內。

人們對他笑 ——「嘷，對我笑呀，證明對我有意思啦。**（對我笑，證明對我有意思）**」
人們對他扳起臉 ——「嘷，黑我面呀，即係在意我啦。**（對我粗臉，即是在意我）**」
人們望他 ——「嘷，望我呀，即係鍾意我啦。**（望我即是愛上我）**」
人們不望他 ——「嘷，佢驚一望我就忍唔住會愛上我呀，所以咪逃避我視線囉。**（他害怕望到我就會情不自禁，所以逃避我視線）**」

哪裏來的自信？

三十多年後我在街上遇到他。他的樣子十分憔悴，談不過幾句，言語間對女性充滿怨毒。原來他幻想中的「全世界女人都鍾意我」，一直都無發生過，覺得全世界女人都令他失望。他給我的感覺，堪稱係「情場丁蟹」。

所謂「猜想他人動機，令到自己好過些」，就是將你遇過的人，尤其你覺得令你受傷的人，無論係惡意又好、無心之失又好、好心做壞事也好，統統將對方假設成善意，即使你覺得對方是惡意，也只是你錯覺。又或者是你自己立心不良，才認為對方是惡意。

例如：「其實佢好愛你㗎，不過唔識表達之嘛（**其實他很愛你但不懂表達**）」、「其實係你自己睇唔起對方，所以你先覺得對方都睇你唔起之嘛（**其實你看不起對方，所以覺得對方也一樣**）」、「其實佢係上天派嚟菩薩，嚟讓我哋學習大愛包容㗎（**其實他是上天派來的菩薩，讓我們學習大愛包容**）」。

首先，我們承認這個世界有些人，的確充滿善意，只是不懂表達；而同時，亦無法排除這個世界有些人，是懷有惡意。

如果我無法說服自己，去相信一些有惡意的人「其實他是善意但不懂表達」，那麼我是否反而要多一種不必要的罪疚感，去怪責自己不夠大愛包容？

最後，當你幻想對方「其實善意」那種善意，一直都沒有出現，你就會好失望。更重要的，其實對方無論善意或惡意 —— 根。本。不。重。要。

試想想，如果對方善意你就開心；對方惡意，或者你無法說服自己相信對方是善意，你就唔開心，那麼你已將自己的情緒主導權，拱手相讓給別人囉？你怎可能享受到情緒自由？

一個人如果要重掌自己的情緒主導權，就要學懂一句說話 —— 寵辱不驚。

無論對方動機如何，我的情緒狀態，依然由我決定。

如果你悉心打扮，穿上錦衣名裝，準備跟心儀對象約會。誰知有車駛經你旁邊，把你濺個滿身污水，揚長而去。

這時候，花心思猜想對方是惡作劇、無心之失，還是上天派菩薩來考驗你，重要嗎？

即使你成功地說服自己相信對方是善意，你身上的衣衫會自動變乾淨嗎？

這時你覺得花心思猜度司機是甚麼心態，還是思考，究竟馬上回家更衣、在附近買衫替換、還是通知心儀對象說有這個情況，可能稍遲，這些是否更實際？

如果那件衣服，代表你的心智、代表你如何自處呢？

對方甚麼動機，是人家的課題；你自己如何自處，才是你的課題。不如先處理好自己課題吧。

# 卸下理性盔甲，輕快療癒

今次舉手出來做現場轉化的學員，告訴我「我都唔知想處理啲乜（**我也不知想處理甚麼**）」。後來同學們告訴我，其實大家在午飯時，商量好建議他這樣對我說的。

其實同學們並非「玩嘢」，而是他們預計，日後也會遇上一些案主，明明覺得自己有些事要處理，但無法清晰明確地表達要處理甚麼。所以同學們想知道，這種情況我會怎樣處理。

案主是一位很著重邏輯理性分析的人，所以很難感受情緒，亦很難流露情緒。

其實用以下的問法做切入點就可以：
你希望三個月之後的你，和今天有甚麼不同？
甚麼正阻礙你？
當你想到這些阻礙，你有甚麼感受？

提問之下，就能逐步釐清他的思緒，亦發掘到需要處理的情緒。所以懂得問問題，有非常大的幫助。

到了催眠環節，其中一個步驟叫「導入 / 深化」，意思是引導案主進入放鬆狀態，以便在潛意識層面，爲案主解除心結。

很著重理性的人，往往因爲過度分析，想得太多，導致難以放鬆。許多身心靈療癒師，有這個時候，會對「理性人」說：「停止用腦，要用心」。

爲甚麼理性人往往會覺得很礙耳，甚至有時會引起反感？

原因有幾個：
理性人眼中，思考就是思考，沒有分甚麼用腦用心，你這樣說，他們可能根本不明白你說甚麼。就像家長對小孩說「別頑皮，要乖」，請你想一想，這句說話好像說了甚麼，其實完全沒有內容，也沒有定義。理性分析的作用，許多時是想解決問題、避開風險。你叫他不要理性分析，會令對方感到不安。甚至如果對你信任不足的話，你叫他不要用腦，可能會懷疑你「係咪想搵我笨？（**是否想佔我便宜**）」

理性邏輯分析，是一項能力，亦是理性人自我價值和自信心的來源。你否定他們的理性邏輯分析，就有如否定他們的自我價值，亦感到自信被你質疑，於是與你容易產生產生對立感。

我的做法，雖然花的唇舌可能較多，但許多時理性人較爲易接受，效果可以頗理想（當然我是無數次碰壁演變出來的）。

先邀請案主想像，邏輯分析是一項能力，這項能力就像一副盔甲一樣，過往對他有很大幫助。幫他避過風險、解決問題、長期保護他，是人生的好幫手，同時這副盔甲也很重。（這是一種肯定的說法，和一般療癒師那句「停止用腦」的否定說法，大不相同）

想像即將進入一個安全空間，這個地方可以任由案主選擇，例如神聖花園、海灘、草原、安全屋亦可以。

這個空間入口的前面，有一個地方專爲這副盔甲而設。可以讓他卸下這副盔甲。

邀請案主帶着感恩的心，對這副盔甲說：「盔甲，多謝你一直保護我，爲我解決問題、避過無數風險，你是我的好幫手。我即將進入一個安全地方，你可以暫時休息。我知道盔甲都需要休息，都好好保養。我會以輕省而純粹的心進去充電，稍後我會回來接你。」

引導案主去感恩自己的保護機制，是一種「加」的講法，而且讓案主感到有選擇；而舊式那句「停止用腦」，是一種「減」的講法，案主會感到被剝奪選擇權。

無論你使用的，是任何一種情緒療癒方法，傳統式輔導又好、催眠治療又好、一念之轉又好，都需要照顧人的感受。將案主對你的對立感覺，減到最低，才可以增加信任感，成功率便可以大大提高了。

# 落力為你好 得不到分數

「我對佢咁好，點解最後會搞成咁？**(我對他這麼好，為何最後會如此)**」

絕大部份人的煩惱，都是人際關係的煩惱（包括與自己相處或與別人相處的煩惱）；而絕大部份人際關係的煩惱，都是因為感到不被尊重。

有時人與人之間，單方面覺得對別人很好，如果你自以為所做的「好」，原來不是對方想要的東西，一廂情願地強加於人，不但會徒勞無功，更會適得其反。

電影《江湖告急》之中，任因九的情婦 JoJo 正在經歷喪弟之痛，傷心不已，伏在九哥肩上痛哭。九哥如何安慰 JoJo ？

「我哋聽日去買個 Prada。**(我們明天去買個 Prada 包包)**」
「我唔係需要一個 Prada 呀。**(我不需要一個 Prada 包包)**」
「呢個世界邊有女人唔要 Prada 啫？我買夠兩個俾你！**(世上哪有女人不要 Prada 的，一個不夠買兩個)**」

JoJo 不禁呆在當場，九哥還覺得自己很慷慨很豪爽。

另一經典例子，在神劇《大時代》之中，丁蟹多年來對阿玲苦苦追求，蟹自以為一往情深，但阿玲心目中卻覺得這是無盡的滋擾和驚慄，簡直是「永遠不完的惡夢」。

無論玲如何避走、拒絕、臭罵、反抗，蟹都只是覺得「佢一定係考驗緊我，只要我再俾多啲誠意、再堅持落去，遲早一定感動到佢，佢遲早會明白我。( **他一定在考驗我，只要我再多點誠意堅持下去，早晚會感動她，她將會明白我** )」

玲誓死也不從，丁蟹還覺得自己很浪漫很深情。

任因九和丁蟹，也覺得「我對佢好好 ( **我對他很好** )」，也會對於對方的反應，感到莫名其妙。

最近好些個案，也有一方覺得「我對佢好好」，而另一方的反應有很大落差，甚至反感的情況。

個案一：
姐姐收入不錯，而且在家中已經有近乎一家之主的地位。她相信自己「我好錫個妹」，卻不明白為甚麼妹妹好像很反感。

原來妹妹很熱衷跳舞，亦打算將跳舞視為終身事業。

在姐姐眼中，跳舞是「搵唔到錢 ( **賺不到錢** )」、「嘥時間 ( **浪費時間** )」，並不是「正經嘢 ( **正經事情** )」，而且經常要求妹妹「正正經經搵返份搵到錢嘅工 ( **正經找一份賺錢的工作** )」。

妹妹難得有機會在舞台上演出，邀請姐姐去看她的表演，姐姐表現得不耐煩，而且提早離去。

姐姐不認同妹妹跳舞，覺得這是「我都係為佢好（**我都是為了她好**）」。

「為你好」，表面上是良好意願。內裡的潛台詞，其實是「我比你高明，你的選擇是錯的，而且沒有價值。我的判斷才是對的，我有權代你決定你的人生」。這是一種「我高 / 你低」、「我對 / 你錯」，充滿優越感的思維，難怪會令人反感。

我帶案主進入狀態之後，使用"empty chair"技巧，引導她代入妹妹的身份，以妹妹的視角思考、感受妹妹的情緒。

許多時我們和別人產生矛盾，這是因為我沒有設身處地去想。

神奇地，當她體驗到妹妹的感受、以妹妹的身份說話時，發現在姐姐眼中，「嘥時間」的定義，是「做埋啲搵唔到錢嘅嘢（**做一些賺不到錢的事**）」；而在妹妹眼中，「用寶貴嘅人生，為咗錢做埋啲又悶又唔鍾意嘅嘢，先至係嘥時間（**用寶貴的人生，為了錢做些又悶又不喜歡的事，才是浪費時間**）」。

大家都不喜歡浪費時間，對浪費時間的定義，卻又截然相反。

更感受到妹妹原來一向都很有打算，已經有為自己理想奮鬥的計劃和時間表。只因姐姐過往不認同妹妹，故此選擇性看不見。

療程完畢，姐姐明白過往與妹妹的嫌隙起源在哪，開始發自內心地欣賞妹妹，並願意尊重和支持妹妹的選擇。

個案二：
太太是對感受和情緒有很敏感觸覺的人，很需要感情交流，老公卻是理智邏輯分析型。我懷疑她的老公，是九型人格中的 5 號（觀察型）。

她覺得老公沒有情趣，有時她有些情感需要，沒有宣之於口，老公便不懂得主動去做，她覺得「要開到口就無謂啦（**要開口講明就無趣了**）」。有時她做一些浪漫事情，期望老公很感動，老公卻無甚反應。

她覺得老公也不是不愛她，有時也會買她喜歡食物給她、也會接送她、表達對她的關心。只是表達得很生硬，這一切，也令她很無癮。眼看著夫婦間的感情愈來愈淡，她也很想改善和老公的感情。

我為她做前世回溯，在腦內的畫面中，她看到自己前世是一個天使，每天在凡間救人。有時甚至比起她所救的人，更快覺察覺到他們的需要，已經出手相助。她很享受這個前世畫面，對自己擁有很敏銳察覺別人需要的天賦，感到很高興。

在她最沉醉的時候，我問她：「你有咁嘅天賦，非常之好呀，你會唔會要求世上每一個人，有你一模一樣嘅天賦？（**你有這種天賦非常好，你會否要求世上每個人都跟你一樣**）」
「唔會。」
「如果每一個人嘅天賦，同你一模一樣，呢個世界會好好玩，定變成好悶？（**如果世上每人的天賦跟你一樣，會有趣還是沉悶**）」
「好悶。」
「你願唔願意欣賞其他人，同你有唔同嘅天賦？包括你老公？（**你是否願意欣賞其他人天賦跟你不一樣，包括你丈夫**）」

「願意。」

完成後，感到開始懂得欣賞老公和自己有不同的優點，看到老公也有可愛之處。

大部份學過催眠治療的人，也懂得引導案主看到前世畫面。但能否運用那些畫面的內容，協助案主釋懷，正所謂「打蛇隨棍上」，就要考治療師的經驗和功夫了。

當一個人只執著於自己的觀點時，是很難理解到別人的內心需要和感受。

英文中的"understand"，有著「站在他人的角度看事情」的味道。所謂「設身處地」，便是這個意思了。

# 你要戒的不是煙

上星期，在新一屆催眠師課程中，爲一位學員做現場轉化，她告訴我想戒煙。

我問她在甚麼情況下，最觸發到吸煙的欲望？她說緊張的時候。我們經常在生活中，想做很多事情，卻做不到。甚至都未開始嘗試，便已經打退堂鼓，「諗咗當做咗（**幻想當作做完**）」。

何解呢？

其中一個重要原因，因爲人是害怕改變的。改變，意味著即將踏入不熟悉的領域，產生的不安感，足以令人卻步。

我見過無數例子，許多人日夜抱怨，老公（或男友）怎樣爛賭爛滾，不時更被家暴，被伴侶打到口腫面腫。但當你問她爲甚麼不離開？她們又會鬼上身般自我催眠：「er……有時佢對我都好好嘅。（**有時他對我也很好**）」

縱使目前的伴侶如何不堪，至少也算熟悉。如果要改變，就要面對充滿未知數的將來；維持現狀，起碼一切不需要重新摸索。

經濟學有一個名詞叫「路徑依賴」（Path dependence）是指特定條件下，人們的決策選擇受制於其過去的決策，即使過去的境況可能已經過時。「路徑依賴」如果套用在今次案主的情況，每逢遇到緊張，案主就習慣了用吸煙去紓緩。目前在案主的認知中，亦唯一只得這個途徑去紓緩。

即是說，案主「想」戒煙，踏出 comfort zone，動力還未足夠，仍然容易被過往一些限制性信念、慣性行爲拖後腿。做了幾十年人，從沒有見過一個「想」減肥的人可以成功，只見過決定減肥的人可以成功。

「想」和「決定」有甚麼分別？

前者只是一種嚮往，你問「想不想林明禎做你女朋友？」大部份直男都想。答不想的，可能因爲老婆或女朋友在旁盯住 ( 笑 )。

但如果你決定要林明禎做你女朋友呢？首先，你要打入她的生活圈子、讓她認識你、製造機會令她對你有好感、然後設法與她獨處、擦出愛火花……，可謂過五關斬六將。

「想」只是一種嚮往，可能也會有些沒有焦點沒有計劃的行動，但萬一遇上挫敗，便會很易放棄。「決定」，就要有「不到黃河心不死」的決心，然後就是一系列的計劃與行動。如果執行效果不理想，就轉 plan b、plan c、plan d……直至成功爲止。

當然，「決定」也不代表必然成功，但成功機率會比只是「想」高出 100 倍。

所以，如果要加強案主戒煙的動力，就要協助她由「想」調節去「決定」，這便要找出「非做不可的理由」。

這話何解？

這件事如果不做，最差的情況會怎樣？如果做了，可以得到哪些你渴望的東西？

催眠過程中，就要在案主腦中很形象化的描繪這些東西。另外，需要動搖案主腦中兩個固有信念：
紓緩緊張，我必然只能靠吸煙
面對吸煙的誘惑，我是無力的

前者背後是相信了自己「沒有選擇」，解除了這個自我限制的話，不但戒煙，甚至連有自殺傾向的個案也能夠處理。因爲，自殺的人，眞正想終止的，並不是生命，而是想終止痛苦。只是到了某一刻，以爲終止痛苦只能靠輕生一途。如果令有自殺意圖的人，明白終止痛苦還可以選擇其他方法，大部份也願意活下去。

吸煙只是行爲，而行爲是信念的產物。所以很多人想戒煙戒酒戒賭，如果信念不變，只是強行改變行爲，即使成功了，也無法維持很久。

其次，許多成癮症的個案，不是未有嘗試過去戒，只是失敗了許多次，導致信心下降。所以要針對提升案主的自我價值，找回信心。

方法是用「記憶回溯」這個技巧，找回案主在人生歷程中，充滿自信的片段。擷取了需要的情緒資源後，在腦中演練充滿自信的自己，如何輕鬆地面對吸煙的誘惑。

當然，最核心要處理的，就是緊張感。案主當年開始有吸煙習慣，是爲了應付緊張。於是我引導案主回想人生中最早關於緊張感的片段，然後帶案主想像以今日成熟有智慧的自己，去療癒當日那個初次面對緊張感，而不知如何自處的小女孩。

這種做法，行內的術語叫「內在小孩」，通常是指人在成長期之中，未被療癒的部份。

所以這次催眠治療，我爲這位學員制訂了幾個治療方向：
找出非做不可的理由，由「想」調節至「決定」
動搖「我沒有選擇」的固有信念
找尋自信回憶，以擷取關於信心的情緒資源
以「內在小孩」療癒緊張的源頭

許多上了坊間催眠班的人，招式技巧學了一大堆，即使個別技巧多麼熟練，到了眞正著手處理一個實體個案時，卻「老鼠拉龜，無從入手」。

因爲不懂爲每一宗 case，制訂清晰的治療方向。於是，唯有「老師教過好多招式，總之記得幾多就使出來」藥石亂投。

無法針對性去做，效果自然不彰。

懂得制訂清晰的治療方案，便會很清楚每一步做甚麼、爲甚麼而做。自然得心應手，出現你想要的效果。

# 沒有愛心的催眠治療師

有一次，我因爲沒有立卽附和一位 client，認同她是天下間最命苦的人，對方指我「無愛心」。

我沒有爲自己辯護甚麼，反而展示燦爛笑容，並讚賞她：「你能夠看穿我無愛心，非常有眼光。」

她很愕然，不知怎樣反應才好。

我緩緩地繼續說：「無論我有無愛心都好，我哋萍水相逢，兩三個月後你都未必記得我。反而未來幾廿年流流長，你仲要對住你自己。你可以愛自己的話，其他人愛唔愛你，都影響唔到你；反而一個人如果唔愛自己，全世界嘅人愛你都無用。不如以下嘅時間，我哋集中啟動返你愛自己嘅能力，咁咪仲實際？」

**（無論我有沒有愛心也好，大家萍水相逢，兩三個月後你未必記得我。反而未來數十年，你要跟自己共處。你能愛自己的話，其他人愛不愛你也不影響。反而一個人不愛自己，全世界愛他也沒用。以下時間不如我們集中啟動你愛自己的能力，是否更實際？）**

她先是呆了一呆，然後說：「咁又係喎。**（說的也是）**」

# 快樂自主

快樂這回事，可以學，而且可以練。

由於我在不快樂的童年成長，所以自小就有興趣研究各式各樣令自己快樂的方法，哪些有效哪些無效，我一清二楚。

爲大家介紹三個有效方法（至少對我有效），大家不妨試試：

**不吝嗇讚賞**

現代人很少願意讚人，反而每遇不順意，就瘋狂投訴。甚至透過欺壓或者投訴售貨員、餐廳侍應，發洩日常的不快情緒，尋求優越感。久而久之，將自己腦內的雷達，訓練爲「不滿搜集器」，你想快樂也難啦！

試試反其道而行，重新啟動你讚賞別人的能力。

我不是要你「凡事正能量」，成爲一個「感恩魔人」，狗屎垃圾也感恩。

反而在生活上，見到朋友有值得你欣賞的特質、餐廳有美味佳餚、服務人員有禮貌，你如實告知對方。人就是這麼有趣，當你啟動你欣賞他人的機制，你亦會吸引到一些懂得欣賞你的人，成功啟動到他人欣賞你的能力。

**善待跟你交易的人**

我從小至今，見不少人去購物，總喜歡不斷花時間精力去講價，覺得

「我壓到價好有成功感」。又或者明明有錢，仍喜歡拖遲支帳，拖到天荒地老。

透過佔人便宜，甚至剝削他人而獲得快感，其實內心很貧乏，所以很難快樂。

何謂「口袋有錢內心貧窮」？有些人雖然經濟條件改善，但每次去吃自助餐，也生怕蝕底，搶食物堆成小山，其實搶回來也是浪費不吃，這就是「內心貧乏」。

至於購物不講價，我不是要你胡亂花錢揮霍（雖然我知道好爽）。價錢不合，你可以不買。又或者如果有經濟壓力，可以將你的難處，坦誠跟對方說明，對方是否願意配合，則要尊重對方決定。而不是將對方的東西彈三嫌四，背後只是爲了壓價。將自己訓練爲一個尖酸刻薄的人，可以有多快樂？

承諾了支帳日期，就如期支付，這樣自己潛意識中，會種下「我是個信守承諾的人」的種籽，會提高對自己的欣賞指數。

甚至提前付帳，更會令對方喜出望外。對方跟你交易，都會有一種「我每次跟你合作都好愉快」的印象，自然你也會快樂。

**見人開心最開心**

黃子華說過，香港人有股心癮 —— 見人仆街最開心。

原理正如上面所講，透過見到其他人的不幸，得到優越感，當下是爽快的，但亦會訓練自己成爲一個仆街。

何謂「開心」？其實就是「打開你的心」。打開爲了甚麼？接收東西囉。接收甚麼？

當你「睇人仆街最開心」，你就會打開潛意識，不斷接收仆街的東西，逐漸就會成爲一個仆街。身心愉快的人，因爲頻譜相沖，會逐漸疏遠你。

試試反過來，樂見他人成功、樂見他人提升、樂見他人快樂 —— 即係「隨喜」。

當你樂見他人快樂，你就會打開潛意識，不斷接收開心事物，逐漸成爲一個快樂的人。亦因此，會吸引四方八面你想要的助力，湧到你面前。

想有貴人扶持？好簡單的，先成爲別人的貴人吧。

# 時空太過大 超脫我的喜與悲

每一位找我處理情緒困擾的案主，通常都已困擾一段不短的時間。有時是因爲不察覺，有時是因爲覺得將問題放在一邊，自然會變好。有時是可行的，有時卻未必。

情緒就將身體不適一樣，有時稍事休息，便會恢復。但如果經過一段時間都沒有改善，便需要正視了。

大部份人對情緒的想法，會有一種「情緒又來爲難我了」的想法。其實不然，情緒的出現，不是來爲難你或作弄你。

情緒只是一個訊號系統，忠實地向你反映潛意識的狀態。直接點說，情緒是潛意識和你溝通的橋樑，是一個忠誠而且勤奮的信差。

每位案主來到治療室，其實至少有三層情緒。

第一層：最近困擾他的情緒，像圍繞身邊的空氣一樣，處於某種情緒的氛圍，例如最近覺得很無力，於是對任何事情也提不起勁。

第二層：對第一層情緒的情緒，例如每逢看見男朋友與女同事有說有笑，都會感到很嫉妒（第一層），卻又很介意自己的嫉妒，怪責自己太小器（第二層）。

第三層：講自己的故事時，所表現的情緒。例如明明講一件很悲慘的事，卻不尋常地平靜，或刻意用一種搞笑的口吻去表達。

每一層不同的情緒，都有著不同的意義，有意從事催眠治療師、輔導員、社工等助人工作的朋友，不可不察。

有趣的是，每一種負面情緒，其實同時隱藏著正面轉化的契機。

此話何解？

例如，每一個覺得沒有自信的人，都會對自己「沒有自信」這回事，充滿自信。

大家也試過做朋友的樹洞吧？每次你的朋友向你訴苦，失意地告訴你「我覺得自己好廢好無用」，當你想鼓勵對方時，對方都會雄辯滔滔，提供大量證據，來說服你「我好廢好無用」，其口才與搜集證據的能力，加上「我必定能夠說服你」的信心，絕不遜於法庭上任何一個大狀。當你成功地被說服時，甘拜下風，才驚覺對方那麼厲害。

我以前從事保險業時，見過無數覺得自己「我沒有天份做銷售」的人，非常有信心地，向人（也包括向自己）推銷「我沒有天份做銷售」這個想法，其熱忱和口才，絕不遜於龍虎榜上的 top sales。

即時說，每個人也具備想要的正面情緒，就像一個很富有的人，所有的財富都藏在夾萬之中。只不過忘記了密碼，不知道怎樣提取出來，便以爲自己是窮光蛋。

可以怎樣提取正面情緒？

可以在案主不同的「時空檔案」內提取。

每一個人，都經歷過正面情緒的時候，不一定需要是甚麼巨大成就，簡單如嬰孩時學懂行路、小學時鄰座的同學請你吃一粒糖，也是快樂的回憶。

很多案主告訴我「我一生人都不快樂」，而且也真心相信自己從未快樂過。其實不是事實，當然他們不是有心要騙我，而是不自覺地戴上了一幅「不快樂」的有色眼鏡，當檢視自己的過去時，腦內就會自動剪輯一個灰暗悲痛的版本，來符合自己「我一生人都不快樂」這個說法。

像這位案主的分享，我除了帶她與自己的內在小孩和解，也用了催眠治療中的「記憶回溯」技巧，尋找她過去的記憶中，遺忘了的快樂與自信片段。

然後做「心錨」，將發掘了的快樂與自信種子，重新在她的腦內，建築未來的畫面，爲她找回未來的人生方向。

她提及的拖延症，是都市人普遍的困擾。說穿了，其實只是「我副偈撻唔著個動力（**我的引擎無法點燃動力**）」。

人有了方向，自然會有動力，拖延症便迎刃而解。

暢遊腦內的時空之旅，你會發現，原來你擁有無窮無盡的內在資源。

好多謝Sam哥同我做咗三次催眠，因為我係佢長期讀者，本身對催眠就唔太抗拒，反而好期待催眠可以幫到自己

記得第一堂其實一開始自己想處理嘅心結有好多唔同方面，不過主要都係情緒同性格上面嘅一啲困擾，因為覺得呢啲先係核心問題。第一堂Sam哥帶住我同家人、同細個嘅自己和解。一開始都知道係過去嘅經歷影響自己，同埋其實平時都有個畫面喺度 ，不過一直都唔識同自己和解，反而一直埋怨自己點解當時唔可以再做得好啲。之後Sam哥帶住我，成個過程都好舒服好放鬆，由心理到生理反應都見到成個人放鬆咗 (之前個人一直都有胃痛，吾識嗝氣，催眠嘅時候嗝左出黎，所以由心理到生理都知道自己放鬆咗)

第二堂就係幫我搵返自信心，原來好多時都係個人吾夠自信，所以對日常生活容易產生負面情緒。Sam哥叫我想像下一年後嘅自己同埋十年後嘅自己，呢幾日當我自己唔夠信心，或者想放棄嘅時候，其實我都會浮現返呢兩個畫面，畀自己勇氣同埋嘗試嘅動力

最後一堂做咗前世回溯，其實呢個本身我自己好抗拒，但係做完之後又覺得幾得意。因為明明本身係想處理拖延症，不過最後反而處理咗更加重要嘅課題，就係要愛自己。好記得有個位Sam哥帶住我去問我嘅守護神，佢想同我講啲咩訊息。我冇諗過第一個訊息係要愛自己。原來我之前咁唔開心係因為我唔夠愛自己。所以我而家知道自己畀自己最重要嘅課題就係要學識愛自己。呢個唔係一個容易嘅課題，但係經過呢三堂之後，我知道自己係值得被愛，亦都想嘗試去愛自己。

搵Sam哥之前，其實每一日都好唔開心，好壓抑，但係搵唔到唔開心嘅源頭，所以唔識解決。而家我覺得嚟緊每一日都會越嚟越好。多謝Sam哥同自己（以前真係唔識多謝自己)

# 爲甚麼勵志書無效？

我以前做過保險、做過傳銷，通常上線 leader，會鼓勵我們閱讀勵志書籍。甚麼《think and grow rich》、《the magic of thinking big》、《see you at the top》、《心靈雞湯》等等，可說看到滾瓜爛熟。

我留意到，有些人閱讀後受到莫大鼓勵，有些人則無效，有些人則愈看愈灰。

爲甚麼呢？這個問題我想了很多年也想不透。

直至近年研習催眠，便開始了解當中端倪。

一個人的自我形象，即是對自己的看法，是潛意識範疇的事。是成長期之中，日積月累所形成。人如果自我形象低落，每逢從外界聽到看到「你得嘅、你掂嘅（**你行的！**）」這類勵志訊息，潛意識就隨即會反彈，出現一個自我否定機制，有把聲音彈出來「我唔得嘅、我唔掂嘅、邊有咁易吖（**我不行的，哪有這麼容易**）」去否定自己。

有這種情況的人，聽到看到的勵志訊息愈多，便否定自己愈多。套用 NLP 的術語，久而久之，這個自我否定的神經鏈便愈來愈強壯。

水桶底部穿了大洞，裝再多水都會流失。傳統的勵志書籍，沒有處理這個問題。

剛過去的星期日，我主理的催眠治療師課程中，我示範爲一位學員做放鬆練習。這位同學給我的印象，是身形強壯、沒有笑容、眉頭緊鎖。

放鬆過程之中，他開始有淚水滲出來。單是放鬆已經這樣，這情況並不多見。

我爲他植入「每日每方面都會愈來愈好」的正面信念，他隨即出現反彈情況，於是我立刻爲他做一個現場轉化。

他很勇敢，願意去面對過去的傷痛。

我爲他做一個年齡回溯，他腦內出現很多回憶，而最首先出現的畫面，是童年時很誠實地告訴老師，計多了分，老師便改回正確分數。

回到家，父母不但沒有讚許，更罵他是「蠢仔」。這件事令到幾歲的他，受到很大傷害。日後便經常懷疑自己、否定自己價值、難以感受喜悅情緒。

我引導他和自己的內在小孩和解、撫平了那些藏在深底的傷痛。高大健碩的他，哭得像個孩童。

完成後，他重新啟動了對自己的愛，人也鬆了許多。現場的學員，也很感動。因爲，不但出來示範的同學得到療癒，現場看的同學，也同時會得到療癒。

事後他問我，童年時，被人否定的往事不只一件，需要每一件事都處理嗎？每一件事，看似獨立事件，互不相干，其實不然。

就像每一個海島，看似互不相干，但其實底裡是互相連結的。

童年重大影響的事件得到處理，其他事件的相關情緒，也會得到療癒。既然潛意識第一個彈出來的是這個畫面，便處理這個好了。

第 4 章

# 治療師的修養

# 不做許願樹

做催眠治療師，由當初工餘時間兼職做，到後來全職，不知不覺已經三年。

認識我的朋友也感到奇怪，過往的我，不喜歡聽人訴苦，為甚麼現在如此熱衷做這行？到了今時今日，非但熱情沒有減褪，為甚麼還愈做愈起勁？

這個問題我也問過自己，細心推敲之下，發現我保持工作熱情的秘密，就是——我根本沒有興趣幫人。

你沒有看錯，我也沒有寫錯，我再講一次——我根本沒有興趣幫人。

此話何解？

「幫人」意味著甚麼？

（戴頭盔先，這只是我的定義，不代表其他人）

意味著「我掂，你唔掂，我來拯救你（**我行，你不行，我來拯救你**）」、「我高，你低」、「我對，你錯」。表面是愛心滿溢，內裡是何等的虛榮和傲慢！

當一個人，有一種「你有問題，我來幫你」的心態，便容易不自覺地，假設對方是無能者，並假設自己比對方高明。

這是一種不容易自己覺察，而且很易上癮的優越感。

情況就像某些人拍拖，會很想改變對方，來滿足自己做拯救者（其實是操縱者）的快感。

如果對方不受落，固然會反感。對方如果受落的話，更難搞。

對方不但會相信自己無能，也會不自覺地，將所有人生責任，統統推在你身上。

我的信念，是每一個人，都有能力去幫助自己。而我的工作，只是重新啟動對方的自助能力。

我沒興趣向任何一個案主，展示我如何高明。我的工作，是和案主攜手，重新發現他自己也有他高明的地方。

如果我以一個拯救者的姿態出現，那便非常危險。因爲，這等同鼓勵案主倚賴我，訓練他們成爲無能者。並鼓勵將他們的人生責任，一一推卸落我身上。

所以，我不會叫案主「應該」振作、「應該」放低前度情人、「應該」要正面思考。

因爲，根本沒有所謂「應該」、「不應該」。而是案主想選擇怎樣的人生，那便選擇將焦點放在相應的地方。

我不會叫當事人「應該」怎樣想，我無法代當事人去選擇，因爲這是當事人自己的人生。

如果抱著「幫人」心態，治療師就會變成許願樹。案主就會將他們的願望，抱著「我想咁咁咁，你幫我搞掂佢（**我想這樣這樣，你幫我擺平它**）」的心態，一股腦兒扔在治療師身上。

所以，許願樹早晚都受不住，會倒下。

大埔那棵許願樹，每年不知多少人，將心願扔在它身上。

背負無數人的心願，已經不知壓垮了第幾棵。

無數助人工作者，包括社工、心理醫生、各式各樣的治療師，爲甚麼做不了幾多年，便身心枯竭（burn out）？

因爲他們不自覺做了願望樹，他們忘記了，人只能爲自己的人生負責。我們只能重新啓動案主爲自己人生負責的能力，一旦我們以拯救者自居，企圖爲案主的人生負責，治療師與案主，兩者皆會輸。

我不幫人，我只會和案主携手，尋找他們幫自己的方法。這樣，對案主的好處，才會持久。

# 不會介入 client 生活

以前有學員問我：「會不會和 Client 做朋友？」

我說了我的準則 —— 不會介入 client 的生活。

曾經有一次，有一位女 client，一直覺得妹妹很霸道。生活上事無大小都要妹妹准許才可以做，覺得妹妹很強勢，操縱慾很強，令她很難受。

感覺那位妹妹，角色上反而像阿媽多一點。

我這位女 client 的年齡，是「好命都當得上阿媽」那種。

我和她對話，她的動態和神情，卻十足一個未長大的小女孩，例如時不時吐舌鼓腮、嘟起嘴說話。

見了第一個 session，平伏了她最即時需要處理的情緒，然後約了她第二和第三個 session 的日期。

在第一個 session 之後的其中一晚，晚上十一點多，我的電話響起。來電顯示是這位 client，我便接聽。

聲音是另一把女聲，很激動，像機關槍般掃射過來：「我係佢個妹！你呢咩催眠治療師呀？死神棍！呃神騙鬼呀！你對佢做咗啲咩呀？我唔會俾佢嚟見你㗎！（**我是她妹妹，你這是甚麼催眠治療師呀？死神棍！瞞神弄鬼！你跟她做了甚麼事？我不會讓她去見你**）」

嘩啦嘩啦罵了一頓，我也不動氣：「我會同佢溝通，而家我休息緊唔方便傾，拜拜。（**我會跟她溝通，現在我正休息不方便談，再見**）」

可能我的平靜，令對方當機不知所措，噗一聲便收了線。

隔了幾分鐘，電話又響起，同一個來電顯示。接聽了，是案主本人。

「唔好意思呀 Sam 哥，投先嗰個係我個妹，佢唔准我嚟呀。原本我想你幫我說服佢㗎，所以咪隊個電話俾佢同你傾囉。（**不好意思 Sam 哥，剛才的是我妹妹，她不許我來。原來我想你幫忙說服她，所以把電話遞過去讓她跟你談**）」

「我而家休息緊，我聽日先同你傾啦。（**我正在休息，明天再跟你談**）」

「哦，好啦。」

第二天，我在約好的時間打給她，我並不打算責備她，而是想釐清她一些觀念。

她再覆述昨晚發生昨甚麼事。

「你想我和你妹妹溝通，而事先沒有告訴我，我又怎可能配合你？我也先不討論對我有沒有禮貌，是否尊重的問題了。」

「我的立場，是不會代你去說服你妹妹的。因爲，未來幾十年，和你妹妹溝通和相處的，是你，而不是我。我不可能介入你們的生活，或者代替你，去履行原本屬於你的人生責任。我開始明白，你妹妹爲甚麼仍然當你是一個長不大小女孩，這麼大個人，這種小事也無法自己決定，怎麼可能要你的妹妹對你有信心？」

「我反而有幾分欣賞你妹妹，起碼她心裡想甚麼，敢於直白講出來，而你卻想我爲你代勞。」

「這樣吧，如果你仍然想做一個不願長大的小女孩，我會尊重你的選擇，你繼續如過往般生活便可，不需要改變。第二第三個 session 也不需見了，款項我會退還給你。」

「相反，如果你不想再做一個小女孩，決定進入一個成年人角色，爲自己人生負責的話，我們才約見。明天，請告訴我你的意願便可。」

翌日，她告訴我，決定要長大，是時候改變了，約了之後的 session。

之後的 session，我教了她一些不亢不卑，以成年人身份去溝通的技巧。並且解決了她那些逃避成長的內在恐懼。

後來她告訴我，無論家人對她的信心，或工作表現上，都大有進展。

我告訴她要多謝自己，有決定自助的心。零乘任何數都是零，如果一個人沒有自助的心，我也無事可做。

不介入 client 生活，是非常重要的。

這點要小心處理，無論治療師或 client，避免將不必要的情感，投射在對方身上，這條界線要非常清晰。

人非草木，就算有甚麼發展，也建議至少沉澱三至四個月，可以看清楚究竟是否只是情感投射。

# 催眠師業務，如何起步與經營？（上）

很多有意從事催眠治療師行業的朋友，都會有不少迷思。一方面嚮往助人解除心結，走出情緒困局，而且工作方式自由不須受制於老闆；一方面又擔心現實問題，例如：怎樣起步？怎樣找到客人？能否維持生計？

今次可以分享一下自己的經營之道，讓有意入行的朋友參考一下。

我首次學催眠，大約十年前。當年從事銷售工作，希望更加了解人性，對自己工作有幫助，所以報讀大量課程，例如 NLP、催眠、九型人格等，只爲改善銷售能力，並未打算正式入行做催眠治療師。

直至若干年後，對打工生涯感到厭倦，但如果做生意，就問一問自己，有甚麼可以經營？

做生意，不外乎賣產品，或者賣服務。

我不想承擔賣產品要入貨、倉租成本以及風險，於是決定賣服務。

當年我首先問的，不是「我有甚麼服務可以賣」，這太空泛。而是問自己，希望經營的業務，想符合甚麼條件？

縮窄範圍就會比較易思考。
我要做得開心 —— 對！我將這個放第一位。

有甚麼香港人長期都需要，不會受是否時麾影響？ —— 香港人這麼多心結（近年更甚），如果可以解人心結，頗不錯，一定有需求。有甚麼賺錢之餘不必受氣，對方受惠同時會說多謝？—— 咦，如果我提供一些可以拿取別人痛苦的服務，這就行了。

再回想我接觸過很多行業，似乎做催眠治療師，相當合符我以上要求。

由於對上次學爲求改善銷售能力，如今爲入行替人做治療，要求有變，於是在坊間再尋找催眠班報讀。

兩者有甚麼分別？卽使你學同一個學問。目的不同，你需要着重的事情都會很不同。

正如去學泰拳，如果你純粹爲了減肥，跟你想上台打比賽，所需要的技巧、所注重的環節，都會相當不同。

班中認識到一位早幾屆的師姐，她是回來探老師，本身經營得不錯，於是就問她如何找客人？師姐答：「做這一行，無法主動找客人的，通常是客人主動找我。」

吓？不過想想又有道理，你很難無故見人跟他講：「先生，你樣子快不行了，不如我跟你催眠催眠」。

就算如此，如何吸引客人自動上門呢？何況這樣是否眞的能夠餬口？

但我再望望師姐，她似乎真的混得不錯，即是可行啦。

她教了我一些方法，我照學，證實有效。

首先，將所學到的技術練到滾瓜爛熟。我知道你可能會說，這還需廢話嗎？可是，如果你的技術不純熟，就算你 marketing 再強，人家試過你的功夫不行，你 marketing 愈好，只會愈多人 bad mouth 你。

所以我上堂非常熱衷做練習，除了老師叫我們課堂上練習，我私下也會約同學練習，同學無時間，就約朋友練。

我跟朋友講：「我學了一些方法，可以改善失眠、紓緩情緒，想請人做白老鼠做練習。」

我發現，原來很多人都有這個需要。

師姐有教，初起步的時候，如果經驗不夠、信心不足，就不要做太棘手的 case，先做輕鬆易處理的客人。

例如，改善失眠，紓緩壓力之類。

（題外話，不說不知，催眠治療裏面，可以處理這麼多事情，原來最容易處理的，就是失眠問題。數年後我結識了一位行家，他只靠幫人改善失眠，已經夠他供房。）

累積了三五個朋友讓我做完練習，他們覺得效果很好，我就請他們寫「催後感」給我。

然後我問准他們同意，截圖遮起他們的名字，加上自己心得，再貼上網。有些網友看完，覺得有些地方講中自己，他就會主動聯絡你，生意就是這樣開始累積。

大家見到有時我在 IG 或者 Facebook，張貼出來的案主回饋，就是由當時開始。

當你建立了口碑，你的客源就會慢慢累積，然後像滾雪球般。到了有天我在催眠治療的入息，已經超越我的正職，於是我就非常有型地向老闆遞信，全職做催眠治療師直到現在。

至於能否餬口？我都尚算肥肥白白，一年去幾次旅行。

我的路就是這樣，一步一步走出來的。

# 催眠師業務，如何起步與經營？（中）

在這裏補充一句，坊間不少人，寫催眠心得、個人成長之類的內容，而眞眞正正教你如何務實經營的，我想眞的沒幾個。

上回提到，催眠治療師並不會主動找客人，當你建立了口碑之後，是客人主動找你。

其實亦都跟我看待金錢課題的理念，好接近 —— 當你做對事情，就不是你追逐金錢，而是錢來找你。

可能你會問：「要怎樣宣傳，才可以讓人家知道有你這位治療師？」

答這個問題之前，我需要爲大家先做一個心理準備。起步頭段時間，需要用來累積口碑，千期不要有賺快錢的心態。

的而且確，大家可能見過、聽過，有些同業，入息好豐厚，生活混得很不錯，但係這些需要逐步逐步建立，急不來。

曾經有人問我：「如果我入行，我何時可以賺到第一桶金？」

如果你抱着這種心態，我建議你直接去搞炒賣投機更好。

雖然當時，我的正職已經做得相當厭倦。但在頭一年，我仍然保留了正職，用工餘時間做催眠治療師。

我見不少有志在這一行發展的人，頭一年已經放棄，所以最初一年時間是關鍵。過得到第一年，就會海闊天空。

第一年，我只靠 facebook page 貼文招客（當時我連 ig 也未有），又不是很多人認識，所以生意相當有限。有時一個月忙到團團轉，有時可能一個月只有一兩宗 case。所以有正職入息支持，人就會安心得多。

很多人一腔熱情，讀完課程，立即辭工甚至租 studio。

這可糟糕了，當你每天擔心生活費、擔心交租、又擔心無生意，自己都充滿困擾，怎可能氣定神閑幫人處理情緒困擾？

所以我第一年的目標好清晰，就是用一年時間去打穩基礎，直至入息超越正職，才會全職做催眠治療師。

宣傳有十萬個方法，有些人會拍片、有些人會賣廣告、甚至找網紅代言，這都是有效的，各自都有需要留意的地方，如果你擅長做某些範疇，可以去做。

我只係講我擅長的方法，以上那些，不在本文討論範圍。

上次講過，當有人找你做完 case（即使只是跟你做練習也一樣可以），你可以邀請對方寫「催後感」給你，分享他的眞實感受。然後你徵詢他是否同意分享，當然爲了保障對方私隱，需要把名字遮起。

除此之外，你平時可以寫下你的見解。

很多人在這裏出了事，他們不是寫見解，卻將很多現成的罐頭人生道理、心靈雞湯，搬字過紙的放在自己的 page 上面。

這套做法，十年前可能有點用，但現在資訊太過發達，人人手上一部智能手機，甚麼人生道理、心靈雞湯，有誰未見過？甚至乎人人都懂一大堆。

如果你每次出貼文，都只是一堆「溝通五大竅門」、「原諒別人放過自己」、「懂得感恩的人才是成熟」這類嘅罐頭人生道理，而無你自己見解的話，不單止你跟網上千千萬萬個寫手毫無分別，別人透過你的文章，都感受不到真實的你。

給人的感覺，就是一個「身心靈內容農場」。

只有內容，而無見解、無感受的文章，毫無生命。

有位台灣老師講過「看完你的文章，不過當中看不到你」，就是指這種。

題外話，我教班已經來到第 20 屆，我從來都不寫課程簡介。其實大家在市面上見到的課程簡介，每間機構都大同小異。而往往，透過課程簡介，根本見不到導師是個怎樣的人，亦見不到他對那門學問有甚麼見解。

我寧願大家透過我寫的文字，感受到我是一個如何的人、看看我對這門學問的見解，是否你想要的東西。如果你覺得對胃口的話才報名，我覺得這樣對大家都會更加好。

你要寫人生道理，或者你讀過的書所講的心理學知識，不是不可以，但必須是應用得到在生活上面的例子。

有人經常說「貼地」的意思，就是生活化。

例如，如果你想講「受害三角」這個理論，不要搬課文地講，你可以用這個理論，套入一些時事、最近熱門話題、又或者你看過某些電影情節也可以。

如果你要講電影，例如最近《年少日記》，人人都講，你可否用你自己的角度去講？用心理學角度講？用你自己成長的親身例子去講？或者代入角色視點去講？

實際例子 + 理論 + 個人見解 / 感受，你寫的文字就會有生命，人家透過這些文字，才會感受到跟一個活生生的人在交流。

人家才會感受你跟其他市面上眾多的同業，有何不同之處。

還有最重要一點，你要真真正正相信你那套才寫。我見過有人跟配偶感情極差，關係近乎名存實亡，互相施以冷暴力，但他就寫「夫妻相處之道」。寫出來的東西就會毫無生命，而且你會寫得很不快樂囉。

當催眠治療師，不需要是一個完人。世上話題有千千萬萬，找一些自己相信亦都擅長的東西去寫。

何苦要迫自己寫一些不擅長，或者自己都不相信的事？

# 催眠師業務，如何起步與經營？（下）

其實，無論你所經營的，是催眠治療業務，或者其他類型的生意，非常重要的一點，就是要找到自己的定位。

我問過很多有意入行的人：「你的定位是甚麼？」

十有八九都這樣回應：「不就是做催眠囉。」

我再問：「人家做催眠，你又做催眠，你們分別在哪？」

然後大部份人都會啞口無言，明顯他們無思考過這問題。

其實上述對話裏面「催眠」兩個字，換做「塔羅」、「亞卡西紀錄」，甚至「賣童裝」、「教人做 gym」，都一樣要思考自己的定位。

關於「甚麼是市場定位」，google 一下就可以找到很多資料，大家可以去看看。

我在此不會講得太複雜，我的簡單定義是 —— 找到你的特色，跟其他同業有明顯差異，而這個特色 / 差異，可以令你在市場企得住腳。

好的定位，不單止你的客人容易記得你，亦方便你自己。

每人每日只有 24 小時，精力亦都有限。清楚自己定位，你就知道你的資源，包括時間、精力、金錢，可以放在甚麼更有效的地方。

尤其是如果你經營的是一人企業。

想摸清甚麼定位適合自己，首先要問自己，「我是一個甚麼類型的人？我不是一個甚麼類型人？」

你透過 MBTI 又好，九型人格又好，了解自己性格特色，就向那個方面發展。

例如我入行時，知道有位師姐經營得很好，她係透過 ig 同 fb 宣傳自己。再看佢寫的文章跟配圖，咦？文青少女風！而且文字風格優美非常感性，圖更加是自己繪畫的。

嘩！文青少女風，我怎麼學呀？作爲一件大叔，如果我強行模仿，將會是一個災難。到時並非爲人處理情緒困擾，簡直是爲大家製造情緒困擾啦！（笑）

但是她十分勤力發文，這點我可以學。

我亦很清楚自己不是太感性的人，所以寫文不採取這個風格。但是我很喜歡留意人生百態，所以經常將我在日常生活留意到的事情，放在文章裏面，大家覺得我寫文貼地，這個印象就是這樣得來。

又例如我好清楚自己不是一個大愛的人，所以你何時見過我 sell 自己大愛？如果我強扮大愛，只會變得虛僞。作爲一個經營者以及服務提供者，我覺得「合理」比「大愛」更重要。

當然，只是我覺得而已。

另外，很多「熱忱主義者」，會提倡「不用理市場，只需要做自己充滿熱忱的事就夠。」

吓？錢從市場來的，可以不用理市場要甚麼？

邏輯就有如「不用理這是泥地，還是水泥地，甚或是海洋，只需要播你喜歡的種籽下去，就自然會開花結果啦。」

又不完全是錯誤，如果只爲迎合市場，強行去做你不喜歡的事，你會做得很不開心，亦可能很快放棄。

所以，要在滿足市場需求，與及做自己喜歡的事之間，取得一個平衡點。

另外，亦需要爲自己訂立一個「經營框架」，即是跟自己訂立遊戲規則。

例如我，我會爲自己訂立一個目標，每一位案主上門求助，我要三個 session 之內，就爲對方完成情緒治療。

很多人即使有情緒困擾，都不會找專業途徑求助，很多時係害怕會花費漫長歲月治療。

其實無論他是因爲情傷、喪親、戒除壞習慣，核心要處理的，都是協助他重新找到自我療癒能力。所以嚴格來說，不是催眠師去治療他，卻是協助案主去治療自己。這樣的話，案主就不用長期倚賴治療師，三個 session 很足夠了。

所以，我有三不做：

**不是自願的不做** —— 例如被老婆迫來、被媽媽迫來，意願都不高，又怎會跟你合作？
**帶着「顧客永遠是對的」心態來的不做** —— 無禮貌尚且其次，這類人很多時候，都會以爲自己擁有一切問題的答案，又怎樣會虛心聽你說的話？何況這類人很多有股講價癮，如果是否處理自己的困擾，取決於我會否爲你減價一兩百元，那麼你又有多想處理？
**不想改變的不做** —— 有人曾經要我預留個時間看症，但是加了句「不過我不知道我到時能否起床，起到床我會來」。我當然拒絕，你的時間是時間，我的時間就不是時間？然後他見我拒絕，改口說「你讓我過來啦，最多我起不到床的話，我叫我男朋友拉我過來。」這樣更加不接啦，你是否要改變，是你自己的人生責任，你外判給你男朋友？你男朋友願意跟你玩這些「褓姆與巨嬰」的遊戲，是他的選擇，我不會參與。

以上三類人士，明顯未 ready。準確點說，並非這個人不能做，只是他現階段未適合開始。

試過有一位愛心爆棚的同業責備我：「你怎麼不接？他們有如此情況，無非因爲受過傷之嘛！」

請留意，世上無人未受過傷，有沒有受過傷，跟是否 ready，是兩回事來的。

未 ready 的客人你強行接，所以就這麼多治療師做到 burn out（身心枯竭）。

許多人以爲經營資源就是時間跟金錢，其實以一人企業來講，更重要的資源是你的工作情緒，即是做得開心。

你連自己免於 burn out 這回事都不懂保護，怎樣做下去呀？

我眞的見過有人做情緒治療師，把自己做得情緒崩潰、無法好好睡覺、健康轉差，他認爲這樣才叫「盡力」。

這種不是「盡力」，是「用錯力」囉。

# 人，最需要甚麼？

日前在催眠治療師課程中，有學員問我，有沒有一些簡單方法，可以像萬用方程式一樣，去應付人際關係的問題？

人際關係，是極其複雜，並且終身都學不完的課題。期望世上有一個神奇方法，可以像神仙棒一樣，揮一揮就「乜都搞掂晒（**一切也搞定**）」，是不設實際的。

但有一個核心原則，卻可以記住：「留意別人的信念和價值觀，即是相信和不相信甚麼、重視和不重視甚麼。」

「咁即係點呀？（**即是甚麼呀**）」那位學員問我。

我不直接答你，我用例子答你。這裡說一個小故事。

神劇《大時代》之中，丁家兄弟對主角方展博下了江湖追殺令，將他趕至走頭無路。

方展博的性命危在旦夕，兩位紅顏知己龍紀文和慳妹心急如焚。丁家是香港最大的黑道勢力，唯一忌憚的，就是只有潛逃往台灣，在香港江湖仍有強大影響力的毒梟周濟生，兩女於是向周濟生求助。

首先開始遊說的，是龍紀文。龍先講述方展博如何慘、如何危險，希望周出手相助。周受宗教團體「聖姑」訓示影響，相信出手便會遭劫。

龍紀文被拒絕，於是十分憤怒，大罵周迷信、頑固，並且擲毀神像，導致不歡而散，更加強了周濟生拒絕相救的決心。

道理上，龍紀文是完全對的，但卻遊說失敗。有些人與人交涉時，只關心自己要求甚麼；至於對方要甚麼，卻不在考慮之列。一旦不順利，便會火遮眼反面，忘記了初衷，一味強調「我對！我對！我對！你錯！你錯！你錯！」

給你「全對」又怎樣？談判還不是失敗？還不是救不到人？

龍紀文的父親 —— 前總華探長龍城邦，也加入遊說，希望倚仗幾十年的交情，周會給他幾分薄面。龍城邦開口閉口「你以前都係我照（**你以前也是靠我保護**）」、「你後生嗰陣咪又係做埋啲陰質嘢（**你年輕時也是幹壞事**）」，當然也是不得要領。

至於慳妹呢？

慳妹在飯局中，留意到周濟生的蘇杭口味。於是做了許多蘇杭點心，拿去給周嚐嚐。

周濟生的亡妻華姐是蘇杭人，在生時經常爲丈夫做蘇杭菜。慳妹這些點心，喚起了周濟生對亡妻的情懷。

「就算我食咗你啲點心，我都唔會救你朋友。（**就算我吃了你的點心，也不會救你的朋友**）」

「我知道的。」慳妹沒有爭辯。

老少二人由蘇杭菜的特色，談到講年輕時，亡妻「阿華」爲他做菜的愛情故事。言談間，周濟生透露了最懷念忘妻做的肴肉。這個縱橫幾十年江湖，家財以億計的惡人，已經不知多少年，沒有遇上像慳妹這樣的好聽衆。

慳妹也娓娓道出與阿博的愛情故事。

「聽日佢可能就會無命，我係佢女人，我好難過。(**明天他可能會死，我是他女人，很難過**)」

慳妹以這句說話作結，低頭黯然離去。

翌日一早，周濟生聞到一陣香氣。出了大廳，只見慳妹特意爲他做了肴肉 —— 牽繫著他與愛妻幾十年感情的菜色。

慳妹卻在哭，自責因爲時間不夠，肴肉做得不夠好。

一代梟雄，被打動了內心最柔軟之處。周濟生決定認慳妹做契女，出手相救。方展博逃過一劫。

大家在這個故事中，看到了甚麼？

# 何謂「人味」？

不時有些學員，畢業後想開始催眠治療事業，會問我應該如何起步。

我將我當日的起步過程，講給他們聽。

N 年前我讀完催眠治療，最初的幾位白老鼠，是我自己朋友。做完之後，我邀請他們寫「催後感」給我。

當時我還未有 IG，我就在 Facebook 開一個 page，得到案主們同意之下，時不時分享一下見 case 的心得，附加自己的見解。

有網友看完這些貼文，覺得有些地方講中他們，就開始聯絡我。不經不覺，加上口碑，就滾雪球般做到現在。

有部份學員，聽完我經歷之後照辦煮碗，開 Facebook page 或者 IG Account 寫文。但是做了一段時間之後，好像無甚起色，亦都沒有心機繼續下去。

臨放棄之前，走來問我原因。

我就上去望望他們的 fb page / ig，看完心想：「怪不得之啦。」

跟好多網上主打個人成長、身心靈的文章一樣，大量甚麼「人際關係 12 招」、「辦公室談話五大技巧」、「成功人士的七大秘密」。

老實講，今時今日網絡年代，資訊氾濫。這些所謂心靈雞湯、人生道理、金句語錄的資訊，要多少有多少。

如果只是搬字過紙，照樣 copy，人家只會覺得你是內容農場。一兩篇可能人們會看，但是就算肯看，看完都不會記得你，亦都未必會再看下一次。

最重要的，是因爲根本無你的個人見解，整篇文章，無「你」在裏面。

寫出來的文字無血、無肉、無靈魂、無生命，換句話說，即是無「人味」。

讀者無法透過看你的產出，認識你是一個怎樣的人。

其實新手起步，即使見 case 嘅數量未必太多，未必寫到好多心得，都可以寫多點人生百態。

可能有人會問，我還是很年輕，哪能寫出這麼多人生百態？

這裏又講一點故事。

大概 89-90 年，周星馳在 TVB 拍完《蓋世豪俠》之後，開始多人留意，然後很快就開拍《他來自江湖》。原本的劇本，萬梓良才是主角，周星馳只是配角。當時他跟吳孟達住得好近，於是就經常約在一起，四處觀察一般普羅市民生活。

例如大排檔人們如何談吐、年輕人去玩的時候有甚麼話題、街市的人如何講價，觀察完大量眞實素材，兩個人就回去，創作大量過癮笑料。

從此亦奠定了周星馳的喜劇地位。

《毒舌大狀》導演吳煒倫，同是不少出色劇本的編劇。例如《梅艷芳》、《綫人》、《激戰》，都是出自他手筆。他從事創作生涯，亦會花大量時間精神，在普羅大衆之間觀察人性。

所以寫出來的東西，才會如此貼地，觀衆才有共鳴。

不少人讀完催眠治療又好，或者學完其他身心靈療也好，一腔熱血好想幫人，但是並無眞眞正正去觀察普羅大衆正在關心甚麼。

俗語所講「民間疾苦」，就是每個人在生活上的痛點。

從事對人的工作，首先就要對人有興趣。

不去觀察，一股腦兒想當然地閉門造車，所以很多助人工作者，令人覺得離地，就是這個原因。如果你所教的東西，聽的人都不知你有沒有應用過，就會給人一種「你話啫（**你說了算**）」的感覺。

在這裏我推介一個 YouTube Channel，名叫《女人像鹽》，頻道主叫做 Bonnie Man。之前我對這位文小姐係完全無認識，只是演算法，推介這個頻道給我。我看了幾條片，發現跟一般主打個人成長的頻道很大不同。他不是只講一些現在好流行的所謂人生道理，他也會分享他自己的眞實經歷，以及他的第一身見解、感受。

令人覺得他有從自己人生裏面，眞實運用他所講的主張，分享的也是第一身體會。

這些就是「人味」。

希望大家明白，知行合一，本身已經是一種魅力。

在 AI 盛行的年代，AI 都懂得講人生道理，隨時講得比你還好。

縱使講再多的人生道理，如果沒有「你」這個因素在裏面，那麼你還可以用甚麼東西，去留住你想吸引的受衆？

# 信心，可能是個僞命題

「Sam 哥，[illegible]LP緊我都想開班，但我要儲多啲信心先。(**我將來也想開班，但我要先儲多點信心**)」

一位若干年前畢業的學員，最近告訴我希望開班收生，向人分享她多年來學過的身心靈心得。人有時會有一個迷思，覺得想做某件事，就需要信心。缺乏信心的話，就無法去做，即使去做也做不好。

眞的嗎？

我從事催眠治療師工作八年，處理逾千宗個案，遇過許多案主也有類似的迷思。

然而，根據八年來的觀察，得出一個很有趣的結論 —— 信心，可能只是一個僞命題。

一個愈對自己沒信心的人，就愈對「我無信心」這回事充滿信心。

可能你也遇過一些覺得自己沒有自信的朋友，當你想鼓勵他時，會如何？

「加油呀，你得㗎。(**加油，你行的**)」
「唔係呀，我眞係唔掂㗎。(**不是呀，我眞的不行**)」
「唔緊要，慢慢學，唔識咪學到識囉。(**不要緊，慢慢學，不懂學到**

**懂爲止)**」
「好難㗎，咁易咩？**(好難的，哪有這麼易)**」
「其實你已經有進步㗎啦。**(其實你已經有進步了)**」
「你以爲啦，其實我眞係垃圾嚟㗎。**(你以爲啦，其實我眞的是垃圾)**」

愈覺得無自信的人，就愈會竭盡所能，千方百計來駁斥你對他的肯定和鼓勵，務求辯論到你心服口服爲止。即使口頭上不和你辯論，心裡也會找無數個理由去說服自己，令這個信念更加堅定，不可動搖。

看！對自己的判斷多麼有信心。

我很欣賞一位已故作家馮兩努先生，八九十年代，他在保險業有「Cold Call King」的美譽。當 99.99% 從業員都倚賴親友市場的時候，他在那個年代，已經率先打開陌生人市場，取得行業冠軍。

ATV 曾經請他爲《三國演義》劇集做解說，大受歡迎。亦曾以政壇新丁的身份，選戰中爆冷門，擊敗有大量人脈與鐵票的周梁淑怡。

我最欣賞是他的實戰功夫，他的書中滿滿盛載自身的實戰經驗，並非一般理論派或吹水派作家可比。

我有幸聽過他一次現場講座，第一句已經令我深深拜服：「大家好，我係馮兩努，我個江山係一步一腳印打返嚟嘅，唔係吹水吹返嚟嘅。**(我是馮兩努，我的江山是一步一腳印打回來的，不是瞎掰得來的)**」

其中他分享到，如何戰勝對陌生人做銷售的恐懼：「開頭我都好驚俾人拒絕㗎，但諗深一層，我驚窮多啲囉。（**最初我也很怕被人拒絕，但想深一層，我怕窮多點**）」

這句說完，全場掌聲雷動。

後來我學了他這種精神，在保險業也做起 cold call 來。雖沒有馮先生那麼厲害，也總算有點成績。

有同事問我：「當你俾人拒絕嗰陣，點樣克服挫敗感㗎？（**當你被人拒絕時，如何克服挫敗感的**）」

我想也沒想，自然而然地答到：「我得 L 閒去克服挫敗感？立即專注去搵下一個客，咪無挫敗感囉！（**我 TM 的哪有空克服挫敗感？立即專注找下一個客，這樣就沒有挫敗感了**）」

愈花精神去想「如何克服挫敗感」的話，挫敗感便會油然而生，愈來愈重。

反之，當你已經成爲一般人眼中「充滿信心的人」，原來就根本沒有心思去考慮「有沒有信心」的問題。

當時我根本沒有想過信心不信心，腦內只是想著：「我要學馮生咁，打個江山返嚟！（**我要學習馮先生，把江山打下來**）」

能力可以累積，起碼先有一個開始，能力就會逐漸上升。

肚餓就去食飯、口渴就去飲水，需要信心的嗎？

一切，都只是要不要的問題，不是有沒有信心的問題。

反之，愈對自己說「我需要儲多啲信心」、愈去考慮「我有冇信心」，就會愈無信心。

N 年之前，我辦了一個免費，而且向公眾開放的演講技巧班。

每月一次，有興趣落場的朋友，每人做一個5分鐘的演說，題材不限。然後我會仔細去點撥參加者的肢體語言、聲線、節奏、用字、語句鋪排，去改善他們的表達技巧。

其中一位已經來了七八次，都只是旁聽，從來沒有落場去試。有一次完場後，我問他下次會否試一試？

他說：「我都係未夠信心，等我睇多幾次先。**（我未夠信心，讓我先多看幾次才試）**」

我深深明白，這樣下去，他只會愈看愈無信心，因爲他已習慣將自己訓練爲一個旁觀者。

於是我問他：「你都睇咗周潤發好多年啦，你變咗周潤發未？你聽張學友都聽咗好多年啦，你變咗張學友未？**（你看周潤發這麼久，變了周潤發沒？聽張學友這麼久，變成張學友了嗎）**」

人愈習慣做一個旁觀者，執行力便會越來越弱，直至消耗殆盡。

回說文章開首那位畢業學員，我對她說：「你覺得你無信心，唔使信心㗎，平時朝早刷牙洗面需要信心嘅咩？**（不需要信心的，平日朝早刷牙洗臉要信心嗎）**」

各位，有沒有一些事情你很想做而未去做做、很想學而未去學，多年來因為「我未夠信心」這個想出來的障礙，而蹉跎歲月？

你還想蹉跎多少歲月？

你還在等甚麼？

# 處理與他人關係之前

參加情緒工作坊的朋友，都很想知道如何處理與他人的關係。

這也十分正常，因爲自古以來人類是群體動物。遠古的原始社會，人類生存條件比大部份動物弱。沒有猛獸的搏鬥能力，也不懂飛翔，即使游泳也不能太長時間，禦寒能力也不是很強。要保住性命，就要互相依存。

如果某一個人被族群排擠，任其流落在荒野一人生活，幾乎已經等於被判死刑。這種遠古的記憶，仍然殘留在人類的 DNA 之中，所以與其他人的連結，是人類心靈之中很渴望被滿足的需要。

那種害怕被他人拒絕的恐懼，即使去到現代社會，仍然沒有太大改變。

九型人格其中一個有趣的地方，就是不同性格的人，會採取不同策略搏取他人接納，從而獲得他人的愛。然而本文主旨並非九型人格，而是探討無止境付出與凡事吝嗇背後心態。

當日做現場轉化的女士，在親密關係中長期感受到傷痛情緒。

許多時我們與別人的關係，尤其是親密關係當中，會不斷付出，務求得到對方愛的回報。當然有時得償所願，有時會期望落空。

有些人付出到某個程度會放棄；有些人即使長期失望，仍然會覺得自己付出得不夠，繼續加碼付出，務求感動對方。如果繼續失望的話，就會懷疑自己的價值。

繼而跌入一個老鼠跑圈圈的惡性循環之中，不斷覺得自己付出得不夠，當你想放棄時，對方又偶然示好，令你感到好像有希望，好像再努力多一點就會如願以償。

停止付出，又擔心前功盡廢；繼續付出，又不知要付出到何時情況才會好轉。最後身心俱疲，傷痕纍纍。

許多人因爲覺得不斷付出，好像傻瓜一樣，於是去了另一個極端，變成銖錙必較。兩者都不健康。

例如，部份男人很執着「爲何要我請吃飯」，部份女人很介意「爲何男人無風度不請我吃飯」。

有趣的是，愈是介意他人斤斤計較的人，其實愈斤斤計較。如果你不斤斤計較，又怎會計較他人的斤斤計較？

無底線地付出，與錙銖必較，表面上完全相反，其實出發點卻出奇地一致。

無底線的付出，是擔心一旦自己付出得不夠，就會不被接納；錙銖必較，就是擔心自己的付出，會做了冤大頭，於是寧願不付出。兩者都擔心自己不值得被愛。

所以，正如之前我在其他文章提及過，要處理與其他人的關係之前，必先處與自己的關係。我未見過一個人，與自己關係不好，卻與他人的關係良好。即使有，也是假裝的。

到今時今日，無論任何人，都懂得很隨口地說「愛他人之前，必先要愛自己」。話是這麼講，但有幾多人懂得眞正意思？

當對方懂得欣賞你、向你示好，你就覺得自己有價值；當對方的行爲，和你期望有落差的時候時，你就覺得自己沒有價值。

將肯定自我價值的主導權外判他人，無異成爲了他人的扯線木偶，又怎會不失魂落魄呢？

另一角度來說，無論他人是否愛你，也無法阻止你愛自己，亦無法阻止你去肯定自己的價值。歷來不少案主，也覺得很奇怪，爲什麼自己付出了那麼多，仍然得不到別人的溫柔對待？

而據我的觀察，他們對待自己，也不怎麼溫柔。當你也對待自己都不溫柔的時候，等同向他人示範，「我是一個不需要被溫柔對待的人」。

結果可想而知。

別人待你如何，我不懂魔法、也不懂落降頭，無法去操控他們，何況也是他們的選擇。至少我想問，你願意對自己溫柔了嗎？

# 別再做羅家英啦

來上催眠班的同學，好多都想幫人。助人解除心結，走出煩惱，動機非常善良。

而正正由於他們有這個善良動機，可能之前已經有一段頗長時間，喜歡看很多心靈雞湯、人生道理，這類題材的讀物。

每當見到身邊人有情緒低落的時候，就會將多年來聽過讀過，腦海儲落的「存貨」，希望一口氣講出來，可以開解到他想開解的人。

而事實上，今時今日網絡年代，有誰未聽過這類「人生道理」呢？隨時你正在開解那位案主，他懂的比你還多。

其實關鍵並非你道理上有多正確，卻是對方是否 ready。如果未能夠協助對方進入 ready 狀態，你道理上多正確都無用，因爲他聽不入耳的話，你就變成強塞硬來，立即跌進對立面。

我經常舉一個例，你去酒吧飲酒，很多時候老闆會免費請你吃薯片、花生、蝦條之類的零食。當然不是因爲他好人，他是想你口渴，你就會多點飲品。

如果對方未 ready 進入聆聽狀態，有兩個可行方向：一是等待，二是創造。

當然，等待你不知要等到何時。

如果懂得創造，不單止可以製造良好時機，甚至可以刺激到對方渴望聆聽你講道理的慾望。

# 第 5 章
# 瘦身與銷售

# 催眠減肥合集

每逢臨近夏天，總有網友問「減肥如何忍口？」

其實要身心健康地擁有好身材，又何止「忍口」這麼簡單？

我以前都寫過這個題目，由心理因素到飲食、運動知識都有涉及，仲訪問了一些成功 keep fit 修身的朋友，例如美女 pole dancing 導師車厘哥、由童年肥妹到修身打擂台的龍小菌。

這個系列，當日我都寫得好滿意。

裏面有大量 NLP 以及催眠知識，不單止 keep fit 修身，用在生活其他進追求卓越的範圍，都會有很大幫助。

# 催眠減肥 1 之 想還是決定？

我認我懶，亦希望大家容易讀，所以這個題目決定分開幾集寫。

其實跟其他 goal setting 一樣，首先搞清楚你是「想」減肥？還是「決定」減肥？

停留在「想」的人，大家見過不少，通常永遠羨慕別人，只得個想字。

他們腦裏面長期有一句：「你就好啦。」

潛台詞就是，他想要那些好事情永遠屬於別人。套用宅毒男一句名言：「這些機會不是我的。」其實這是句自我摧毀的語句。說得多，成了你的信念。你遇到挫折就會放棄，然後自我實現：「嗱，我都話唔得㗎啦。**（看，我早說了自己不行）**」

所以，你見「想」減肥的人，每個月試新產品、試不同餐單，但又容易放棄。就算付錢買昂貴 PT（私人教練），訓練兩下子都會撅着胖嘴跟教練撒嬌：「唧～有無啲方法無咁辛苦㗎？**（有沒有不太辛苦的方法）**」

容易放棄，一味追求神仙方法，是他們的特徵。

「決定」是怎樣的？

第一件事，係修改字眼。文字，是人腦海自帶的神奇力量。當你由早到晚講「減肥」，你腦海就充滿肥的畫面；當你講「不想再窮」，你潛意識只會接收到窮；當你講「不想被裁」，你份工每天就徘徊被裁邊緣。

如果改為「實現好身型、追求財富、工作卓越」，是否你腦裏頭的畫面、感受、動力都改變了？

下一步是甚麼？如何逐步實現？

# 催眠減肥 2 之 目標具體化

一個人要追求一件事，離不開兩種力：動力與阻力。

這次跟大家談一下動力，阻力稍後再講。

動力意思是那件事對你有多重要？動機有多強？完成後有多大回報？

更重要一點，你對回報有多興奮？有多雀躍？

催眠師正式帶案主進入催眠狀態之前，跟對方仔細談這部份，就非常重要。例如成功擁有魔鬼身材之後，他最興奮最開心是甚麼？

當你擁有魔鬼身材之後會是甚麼樣子？

對着鏡子好欣賞自己？

穿上一些很難 carry 的服飾，打扮得好吸引？

享受老公久違的讚嘆目光？

享受走出街受到一衆異性注目？

享受被其他同性妒忌？

嚮往穿上比堅尼成爲沙灘焦點？

每一個人最興奮的場景都不同，催眠師要跟案主逐樣洽談，甚麼事情令他最興奮？切記，是興奮！不是「如果成功就不錯」。

帶案主進入催眠狀態之後，就要在他的潛意識裏面，非常非常具體地，建構上面那些「興奮場景」，令他產生持續而強大的動力。

怎樣具體？

用“VAK”。即是：視覺 (Visual)、 聽覺 (Auditory) ，及身體感覺 (Kinesthetic) 。

**視覺 (Visual)**：例如令他想像自己擁有魔鬼身材之後，見到身段線條變得玲瓏、見到男友驚嘆眼神、穿上時尚打扮的畫面、女同事妒忌的表情、沙灘有俊男上前搭訕。
**聽覺 (Auditory)** ：聽到別人讚嘆聲音、女同事說「你就好啦」、沙灘的海浪聲、俊男的口哨聲。
**身體感覺 (Kinesthetic)** ：感受到身體變輕盈而結實的感覺、時裝跟肌膚接觸的感受、海灘陽光的溫度、海水氣味、腳踩沙的觸感、穿著比堅尼的感覺、俊男請客飲品的味道。

做 VAK，不只加強動力這麼簡單。更加要令潛意識相信，彷彿已經擁有你想要的東西。

最近有個 case，催眠師每次見到他，幫他做 VAK 至少做一小時，見了好幾次。

期間無論飲食習慣、運動習慣，完全無改變過，單純做 VAK，然後跟催眠師教的方法，每晚自我催眠做 VAK。

兩星期，減了 15 磅！

原來，當你潛意識工作做得夠、做得好，潛意識就會啓動，自動調節身體，例如內分泌、循環系統、消化系統、新陳代謝，自動去燃燒脂肪、調整身形。

當然，齋做 VAK 都有這樣的效果，算是個別事件。一般來說，仍需要配合其他重要因素，效果才會更好、更持久。

# 催眠減肥 3 之 改變信念

上文提到，利用 VAK 方法，將你的目標形象化、具體化，務求推大你的興奮度，令到你對目標充滿雀躍。

其實這樣並不足夠，因爲達成目標，始終要經歷一個過程，過程中你要做好多工夫，去幫你一步步前行。

如果你視這些功夫爲「苦差」，就算你多想要達成這個目標，中途也好容易放棄。

試想一下，一個保險 agent，無論多嚮往成爲 MDRT ( 百萬圓桌會 )，如果好厭惡見客人，或者一個好想脫離單身生活的人，但是不喜歡擴濶圈子，就算勉強開始行動，但過程不斷覺得好委屈，試問又可以堅持多久？

今日有位女士私訊我，就有類似情況。她有一段時間做對了事情，成功減走十五磅。但可惜未能堅持，稍一鬆懈就反彈。

她之前做對了甚麼事情？不外乎戒零食、飲食清淡、做運動。

爲何未能持之以恆？因爲她視之爲「苦差」，過程可以用「捱」字去形容。

但是世界上，絕大部份長期成功保持到健康迷人體態的人，都做着相同的事。爲何他們堅持到？秘密是，因爲他們並沒有視之爲「苦差」，相反，他們視之爲「樂事」。

當你視之爲「苦差」，你就需要迫自己，用強大意志力去捱。嘩，想起也覺得辛苦。

但如果你視之爲「樂事」，根本你就享受去做，邊做邊產生樂趣，要你停手也不肯。

催眠師在這部份可以做的，就是幫案主在腦裏面，將這種視爲「苦差」的信念，逐樣逐樣調校爲「樂事」。

改變信念自己做可以嗎？當然可以，但可能老鼠拉龜——無從入手。

其中一個方法，是找一件你腦袋入面，覺得充滿樂趣的事，跟你目標找出共通點，將它的樂趣跟你的目標掛勾。

例如，我好討厭整理房間，覺得好煩好瑣碎。而我喜歡電玩遊戲，我就將玩遊戲機的樂趣跟整理房間掛勾。

怎樣做？幻想整間房就是一個 game，每整理好一部份，就是過關；整理完成，就係完成遊戲。

一個視收拾房間比落地獄更慘的大叔，就在充滿樂趣的情況下，完成收拾。

至於怎樣將 keep fit 要做的事情，由「苦差」調校成爲「樂事」？

我訪問了性感又健美的美女運動教練車厘哥，她的教導是這樣：
「飲食方面，不用戒得太清淡，別令自己太辛苦，辛苦就會討厭，就容易放棄。要令健康的東西好食吃，如果自己動手，更可享受烹調健康飲食的樂趣。」

「運動方面，試試去找一種你鐘意的運動，就算不喜歡也至少不討厭的。跟你朋友一起做，當成社交聚會就好得多，認識多些同 ( 健身 ) 館／同班的朋友，形成一個你的圈子，互相鼓勵。」

說的甚對。

此外，最初不用挑難度太高的項目去做，因爲容易產生挫敗感。大信心可以由小信心逐步建立，先選容易做的事情，成功就讚賞一下自己，享受一下成就感，讓自己增加對這件事的開心情緒，然後才逐步逐步加大難度。

# 催眠減肥 4 之 自我定位

談及掃除心魔之前，先補充一些重要事情。

之前提到用 VAK 令自己的目標形象化，不單只加強自己興奮度，亦都令自己潛意識感受到已經成功了。

「令潛意識自行調整新陳代謝，幫助消脂」，可能你覺得好神奇。事實上，情緒可以影響身體狀態，科學已經證實。長期情緒低落固然可導致心臟病、癌症，那麼潛意識可以調節新陳代謝，又有甚麼出奇？

另一方面，用 VAK 方法，將心智設定為已經獲得成功，彷彿已經置身成功的境地，這也是關鍵。

你可能會反駁：「咁我真係未成功喎，我點當自己已經成功咗呀？（**我真的還未成功，怎樣幻想已經成功**）」

非也，一個人想做 top sales，如果心態已經當自己是 top sales，他的信心會怎樣？每天安排自己工作就會用 top sales 的水平要求自己，每次見客就會要求自己有最佳表現。

正正由於他有這種表現，然後就取得 top sales 的成績。

坊間有"be - do - have"的說法，就是講這回事。

如果他的心態一直都覺得「我還未成功」呢？他一世都不會做到 top sales。

Keep fit 也一樣，如果心態設定爲「我是個好 fit 好健康的人」，你的飲食習慣、運動、作息習慣，所有思維、行爲，自然會調節爲一個好 fit 好健康的頻譜。

如果你心態是「我仍是個肥妹」呢？自然減肥減肥，愈減愈肥。

至於 Keep fit 要做那一大堆事情，戒零食、飲食清淡、做運動，你可以列出一個清單。一個清晰而可行的 plan，絕對勝過想起甚麼就做甚麼。

Plan your work，work your plan，your plan will work for you ！

每一項你要做的事，再幫自己做 VAK，想像去做的時候愈來愈成功的畫面。

可以加入一些開心元素，例如一群朋友一起運動、流汗充滿力量、做運動愈做愈起勁的感覺、進食健康飲食顏色好新鮮好鮮艷、食蔬菜好清新爽口的感覺……等等。

務求用 VAK，令原本的「苦差」信念調校成「樂事」，甚至令自己對這些「樂事」上癮。

# 催眠減肥 5 之 戰勝心魔

追求財富、追求好姻緣，或者其他目標一樣，每個人都會跟你說「好！我想要！」。但同時，心裏面都有個聲音，跟自己講一些洩氣說話，自己拖自己後腿。

常見的有這幾類。

當然，不可能所有人都符合這些類型，同時也會有幾種重疊的情況。不過，亦都可以幫助大家檢視自己，屬於哪一種。

· 我做唔到（**我做不到**）
· 我唔值得（**我不值得**）
· 我唔敢（**我不敢**）
· 我憎厭

**我做不到：**生活上長期經歷很多挫敗，自信早已被磨蝕得七七八八，充滿無力感。
**我不值得：**自我形象低，認爲自己不及人，認爲漂亮、健美是屬於模特兒或者明星專利，好事情自己無份。
**我不敢：**內心深處，覺得美好事物會帶來壞結果。例如有女士童年被性侵犯，就直覺地扮醜扮粗魯，覺得這樣就不會成爲色魔目標。甚至可能朋友圈也是身材欠佳之人，恐怕自己變健美之後會失去朋友。
**我憎厭：**將美好事情與憎惡事情掛勾，例如童年目睹父親被「壞女人」搶走，而那個壞女人剛好就是好身材之人，事主長大後可能會覺得「身材好＝壞女人」，害怕自己成爲壞女人，所以阻止自己變健美。

其實以上的想法，是長期自我催眠而成。人每天都會自我對話，久而久之，就成爲根深蒂固的信念。

催眠師在這裏可以做的，就是幫忙把每個負面信念找出來，然後逐一幫助調校修正。

自己做可以嗎？自我催眠也可行，不過預計花多好多時間和工夫。

爲何自我催眠有效？

既然舊信念，是自我催眠而成，我們亦都可以用自我催眠，重新建立新信念。

# 催眠減肥 6 之 自我催眠

N 年前，我跟朋友在廟街某間甜品舖食糖水。期間有班 PTU（又稱藍帽子）衝了進來，我們嚇了一跳還以爲是甚麼事。其中一個坐在我面前，正正面對到我。我以爲自己看錯，看眞點，原來是香港頂級型男，任！達！華！

嘩！眞人超級超級有型！（後來才知道是 PTU 系列）
相信他們是拍戲放 break，整隊 crew 來吃東西，其中一名演員，我認得是 EO2 其中一位成員，

問：「華哥食咩？（**華哥想吃甚麼**）」
華：「唔要啦。（**不要啦**）」
問：「一碗半碗，唔怕喎。（**才一碗半碗不怕啦**）」
華:「一碗半碗都唔得呀，後患無窮呀。（**一碗半碗也不行，後患無窮**）」
我喺隔籬插嘴：「唔怪得你 keep 得咁好啦！（**難怪你身段保持得這麼好**）」

他點頭微笑。

我卽時恍然大悟，原來成功人士跟一般人最大不同，就是自律。

當然，我所指成功人士，是苦幹捱出頭那種，並非靠父蔭或者現在靠炒賣發達的人。此處見到，正正是「得過且過 vs 自律」。而任達華，怎樣維持這份自律？

我留意到，是他的自我對話：「哪怕只是偶然放縱（一碗半碗），後患無窮。」

一個人長期對自己講的說話，就成爲信念。信念就影響行爲，行爲影響結果，結果就累積爲命運。

由此可見，你如何設計自我對話，將會改寫你的命運。

針對上一篇四種情況，我們如何重新設計自我對話？

1. 我做不到
2. 我不值得
3. 我不敢
4. 我憎厭

**1. 我做不到：**
長期無自信的人，信心要逐步逐步建立，如果夾硬跟自己講「我一定成功」，會一邊講，同時內心一邊否定，反而會有反效果。建議說「我願意逐步逐步建立信心」，或者「我每天愈來愈有信心」會更加好。

**2. 我不值得：**
習慣自我否定的人，源於經常將自己跟別人比較，可能來自兒時經常被父母用來跟別人比。建議講「我值得變漂亮，因爲我獨一無二」或者「我愛我自己，我值得愈來愈好」。

**3. 我不敢：**

扭轉「好事物引致壞結果」的迷信，建議語句是「我敢於擁有美麗與健康，我每日都愈來愈快樂。」、「我敢於擁有美麗與健康，並且擁有真正互動支持的友誼。」

**4. 我憎厭：**

解除美好事物與憎厭事物的心理連結，建議語句是「我愈來愈善良快樂，就同時愈來愈健康美麗，當我愈來愈健康美麗，就同時愈來愈善良快樂。」

正如我以前說過：「催眠就是繞過表意識的批判，打開潛意識，植入暗示。」

未正式學過催眠不要緊，人每天都有一些時段，潛意識特別容易接收訊息，例如朝早將醒未醒，又或者夜晚將近入睡的時候，表意識打開，潛意識就好似海綿吸水一樣，吸收訊息。

又或者朝早刷牙時、趁洗澡赤裸望着鏡中的自己講。

而且一有空閒時間，就爲自己做上面幾篇講過的 VAK。

有心理學家指出，當一個新行爲持做 21 天，就會成爲習慣。就等自我打氣成爲習慣，變成思想的一部份，引領你行最適合的路！

# 催眠減肥 7 之 面對誘惑

這一篇是額外追加的，這是跟朋友聊天聊出來。

每當你追求某些目標，著眼目標固然重要，而同時不能忽略過程。因爲目標只是結果，只要過程中做對了，並且將阻力減到最少，結果自然會出現。

當中最大阻力，叫做「誘惑」。

「誘惑」有個孿生兄弟，叫「欲望」。

欲望分兩種，一種是推動力，另一種是干擾。前者當然不必擔心，簡直歡迎來幫忙；後者就是問題，輕則拖慢進度，重則消磨你鬥志，毀滅你信心，令你放棄目標。

怎樣處理？

數年前，我曾經訂下目標，茹素一個月。非爲減肥、非爲健康、非爲靈性或宗教修行，只爲測試自己意志力。

最後，輕鬆過關，請留意「輕鬆」二字。

爲何輕鬆？準確來說，連意志力都不用，因爲半點死忍硬忍的感覺也沒有。甚至遇上損友用美食引誘我，我情緒上亦無半點波動。

平日我係非常貪吃，最愛頭幾位的美食，例如鷄煲、烤羊肉、咖哩，無一不肥膩，我如何將誘惑（干擾）消除？

首先，我跟自己說「我是個不受誘惑的人」。別小看這句，這一點正是早前講的「自我定位」。我以前問過一位長期食素的朋友：「你哋唔食得肉喎，咪好無自由囉。**（你們不能吃肉，豈不是沒有自由）**」

朋友：「非也，我呢隻先係飲食自由，相反，肉食者『唔食肉唔得』，就係失去自由。我呢，食又得唔食又得，我就揀咗食素，呢個係我嘅選擇。可以忠於自己選擇，呢個就係眞正嘅『自由』。**（我才是飲食自由。肉食者無肉不歡，這才是失自由。我有肉無肉都可以，我選了茹素，這是選擇，忠於自己選擇才是自由）**」

你是否同意他的想法並不重要，重點是，他這個想法，亦即自我對話，能幫助他實踐他的選擇。

至於腦內出現誘惑，亦即是干擾，我選擇任由念頭存在，索性完全放任，放懶毫不掙扎，乾脆將心思花在其他事物上。

欲望的干擾，就好像心裏面有個聲音，跟你自己對罵。

我選擇的應對方法，並非抑壓它，而是任由它存在，然後專注其他令我快樂的事情。

假設你心入面住了個潑婦，她的名字就叫「干擾」。這個潑婦每天罵你，如果你回罵她，她就會更加大聲還擊，然後你又再回罵她。你逐漸不自覺將所有注意力，全部放在她身上。最後你力竭筋疲，煩惱不堪，你發覺無法跟這個潑婦抗衡，唯有就範，屈服於干擾之下。意志崩潰，甚麼減肥目標都忘記淨盡，再度放任吃東西，甚至變本加厲。

簡單來說，這是你養大了心入面那位潑婦。

我心裡那位潑婦在罵我，我不瞅不睬，由得她吵。我將注意力放在其他令我快樂的事，例如享受新鮮蔬果的美味、視尋找優質的素食店，作爲一個尋寶遊戲。

正如我早前的文章所講，「將你需要做的事跟快樂掛鈎」。

逐漸，我心中那位潑婦愈來愈無聲氣，我餓死了她。

要減低 / 消除一件事對你的干擾，就要專注另一件事。

千百年來，瑜伽修練其一個重要部份，就是心的修練。掌握得宜，你就可以隨時調整自己心境。

# 催眠減肥 之 8 訪問龍小菌

減肥篇寫到最後一集，我訪問了獨立歌手龍小菌，作爲本系列總結。

她以前是個典型的肥妹，由減肥修身，到後來走上擂台，這種驚人毅力，頗堪大家借鑑。

Sam：「小菌，想請問你，當你減肥過程中，腦裡面有無講一啲自我洩氣嘅說話？如果有，係邊一類？你點樣克服？面對誘惑，例如美食、偷懶，你點樣打贏心魔？（**在你減肥過程中，腦海有沒有一些自我洩氣的說話，如有，是哪類？你怎樣克服？面對誘惑如美食、偷懶，你如何戰勝心魔**）」

菌：「（自我洩氣）我覺得細個嗰陣時就會囉，即係好似通常女仔都會因爲鍾意某啲男仔，就會減肥，咁我細個都會。咁減減減減減，跟住可能你識咗男仔啦，一齊啦，跟住又肥返啦，因爲好 sweet 吖嘛。（**我覺得小時候是會自我洩氣，正如普通女孩會喜歡某些男生，開始減肥，我年輕時也會。減了一會，結識到男友了，又會長胖，因爲幸福嘛**）」

「咁肥返之後呢，可能俾人拋棄咗，然之後又再減肥過。咁減肥之後又諗『唉，就算減肥成功又點吖？可能第時搵到個男朋友又嫌棄你呀，嫌你肥呀咁，算啦不如而家唔好減啦。反正第時遇到個男仔，可能就算我肥都鍾意我㗎啦。』（**反彈後，可能被人拋棄了，然後再開始減肥。減肥後又想『就算成功又怎樣，可能下一個男友又嫌棄我肥，算了不**

**如現在別減了。反正日後遇到對的男生，我胖他也會愛我）」**

菌 (2024 年 update)：「現在年紀大咗，對於洩氣呢度又有新睇法。好多人會覺得，老咗新陳代謝差晒，減肥再難咗，都係減唔到㗎喇。其實都係藉口，年紀大咗身體機能係會變差，女人特別明顯，尤其有生 BB 嘅會更加覺，特別容易放棄。**（現在年紀大了，對洩氣又有新見解。很多人會覺得，老了新陳代謝變差，減肥更難了，索性放棄。其實只是藉口，身體的確會變差，女人和母親尤甚）」**

「但係冇辦法，身體係自己嘅，如果唔花時間照顧身體，到眞係出咗問題……唔單止係減肥，而係健康出事，其實係自食其果，呢個都係我提醒自己要照顧身體嘅一大動力。**（但是沒法子，身體是自己的，如果不花時間照顧自己，健康出問題時只會自食其果，這也是推動我繼續的一大動力）」**

「另一個關於年紀嘅體會，係人大咗，開始唔在意其他人眼光，於是就會放棄治療唔再減肥。以前怕被人笑，現在唔會爲其他人做事，好易停低。當你唔再理會其他人眼光嘅時候，就要睇下你有幾愛自己，去維持身體嘅狀態。**（另一個關於年紀的體會，是人大了不再在意他人眼光，繼續更易放棄減肥。當你不理會旁人眼光時，就要看你有多愛自己）」**

（Sam 按：所以減肥修身，應該爲自己，而非爲別人）

菌：「面對誘惑、美食、偷懶，點樣打贏心魔？ er...... 偷懶，我覺得你最重要係你知道個目標係咩囉。你想個身形靚啲，你就自然可以打贏個心魔㗎啦。因爲你嗰個欲望大吖嘛，你想靚想瘦嗰個欲望要夠大。**（如何打敗心魔？我覺得最重要是你知道目標是甚麼。你希望身形變好，自然就會戰勝心魔了，因爲你的欲望大，你想要變漂亮變瘦的欲望要夠大）**」

「另外，戒口唔好戒得太緊要，去享受啲食物。同埋慢慢適應，適應一個新嘅口味。以前可能好鍾意食垃圾食物嘅，去適應吓一啲新嘅食材。**（另外，戒口別太用力。去享受食物，以及慢慢適應一些新的口味。以前可能好喜歡垃圾食物，現在就去適應一下新食材）**」

（Sam 按：只要欲望夠大，縱有阻力亦阻不到你）

菡：「至於偷懶，我覺得始終女仔可能比較多藉口啦，有時可能 M 到呀、唔開心呀、情緒影響呀，就唔想做運動。但係我發覺唔開心嘅時候呢，去做運動係特別有幫助。例如你唔開心，都係經歷半個鐘咁啦，咁嗰半個鐘你就完全唔開心囉。但係如果你嗰半個鐘攞嚟做運動呢，咁你反而可以忘記一啲你唔開心嘅嘢囉。**（我覺得女生可能較多藉口。可能有月事、心情不好之類就不去運動。但我發覺這些時候做運動特別有幫助。如果你有半小時不開心，反正已經歷了壞心情，用來做運動可以忘記一些不開心的事情）**」

「同埋我覺得建立一啲你鍾意嘅運動喜好，一啲方便你自己嘅運動囉。最好係唔使帶好多架生、裝備都可以做到嘅。**（另外，建立一些你喜歡的運動喜好，一些方便自己的運動，最好不用帶很多工具或裝備的）**」

（Sam 按：用運動的快樂，用作對冲不快樂情緒，非常有效）

Sam：「如何鼓勵自己？」

龍：「我覺得最好就係靚衫，或者著一啲自己從來都唔敢著嘅 style 嘅衫。因為大部份嘅女仔都鍾意扮靚，去享受自己個成果。所以，我會選擇去買啲靚衫。**（我覺得最好就是漂亮服飾，或者一些自己從來不敢穿的風格。大部份女生也愛美，去享受自己的成果，所以我會選擇買衣服）**」

（Sam 按：良好的鼓勵，包含以前提過的 VAK 元素，並且觸動快樂情緒）

Sam：「多謝小菌。」

減肥系列，在此告一段落，希望幫到大家。

# Sam 哥講銷售 之 一

寫催眠治療有點多，轉個口味。

最近認識一個做銷售工作的網友，閒談間，我自己都從事了銷售工作好多年，亦曾經做過培訓導師。

明白到有技巧跟無技巧的分別；無技巧，可以講到荼蘼，耗費很多時間精神，可能仍然空手而回。懂得運用適當技巧，知道如何用力，事半功倍。

我敢講，大部銷售主管都不懂培訓人，只會叫下屬背誦產品資料，或者叫下屬付錢，報讀那些痛哭流涕的激勵課程，大哭一場就以爲學懂了甚麼。至於銷售原理是怎樣？根本不懂教。下屬能餬口的留下，否則就流失，主管（尤其靠消耗親友圈子起家那些）通常都束手無策。

在這兒介紹幾個大原則，曾經幫我不少。

1. 引導客戶自己說服自己

傳統訓練方法，會教你背誦一大堆話術、資料，把你公司、產品說得天花龍鳳，務求說服客戶掏鈔。每當客人有疑問，又努力解答，以爲答盡了問題，就沒有問題，必定簽約了吧？

大錯特錯。

不是說背誦話術錯，而是發力方向錯。

天下間，無人喜歡被人說服，包括你和我。

尤其香港人，每個自命好聰明醒目，就算你說的資料千真萬確。你愈落力說服，對方心裏面愈想：「嘖，都是你說了算。」

你愈落力說服，對方疑心就會提升，變相等於跟對方角力，不辛苦才怪。

試試倒轉，引導對方自己說服自己。

怎樣做？

例如，銷售人員介紹了產品，嘗試要求對方開單時，最常見的反應是「考慮一下」。

絕大部份的銷售人員，都會用一個又蠢又無效的方法回應：「係呢，請問你要考慮啲咩？（**請問你要考慮甚麼**）」

**簡直是蠢！蠢！蠢！蠢！蠢！**

蠢在哪兒？

客人好多時基於習性，決定是否付錢之前，都會猶疑一陣，說「考慮一下」，其實是一句完全無意思，又不知說甚麼才好，純粹填塞空間、舒緩尷尬的廢話。類似看更阿伯見到你，問「搭 lift 呀？（**搭電梯呀**）」、「出街呀？」

其實考慮甚麼，他都迷迷茫茫，不清不楚。

一旦你問他「你考慮甚麼？」，糟糕咯，他爲了滿足你這個提問，於是創作出一大堆考慮理由。例如問家人意見啦、要比較其他牌子啦、要考慮自己經濟能力啦、對你公司背景沒信心啦……一大堆考慮因素。

這些還未算，我聽過神級的考慮：「我咪就係要考慮吓仲有咩需要考慮囉（**我就是要考慮一下還有甚麼需要考慮**）！」

如何不教人咋舌？

就算你完滿解答也沒用，因爲這些只是煙幕。你答完了十條，他會再多發十條你，沒完沒了。

可以說，這是你引導他噴一大堆問題給你。

試試倒轉問：「非常好，多謝你嘅考慮。我都想聽下你意見，如果你覺得值得考慮，相信投先聽介紹裏面，一定有啲地方吸引你。否則如果零吸引，你都唔會花精神考慮啦係咪？咁請問你覺得，最吸引你嘅地方，會係邊方面？」

**(非常好，多謝你的考慮。我也想聽聽你意見，如果覺得值得考慮，相信剛才的介紹中，一定有些地方吸引你。否則你也不會花時間考慮對吧？那麼請問你覺得，最吸引你的地方是哪方面)**

這個問法，有以下作用。

測試客人，測試甚麼？測試剛才他有沒有認眞聽你的說話、測試他重視甚麼、測試他眞考慮定假考慮。

首先他答得出有甚麼吸引，未必是眞話，但起碼有在聽你說話。如果答不上，很大機會只是在消遣你。

就算測試到他正在消遣你，要選擇重新推銷還是放手，起碼主導權落回你手上。

如對方答得出，稱讚他觀察力強、有眼光，你再多問幾個試探性問題，例如問他爲何覺得這方面特別吸引？跟他有甚麼關係？這樣很容易知道眞假。

如果客人的考慮係眞實的，你在那個方面就加重火力遊說。直到你肯定知道有甚麼吸引他、肯定燃點到他想要的欲望，然後再解答難題也不遲。切記，未燃點欲望，解答再多的問題都係無意思。

然後立卽嘗試 closing。

這招尤其是重點：你引導他自己講出有甚麼吸引，猶如引導他自己

sell 自己，人是最相信自己說服自己的說話，威力遠勝靠你講不知幾少倍。

切記，你的職責不是扔一堆 data 給客戶，而是燃點他的 desire。data 無法令客戶 take action，desire 就可以。

# Sam 哥講銷售 之 二

N 年前我入行做保險經紀，由於之前做傳銷，已經將熟人市場消耗殆盡，便唯有向 cold call 市場發展。

但當時招聘我的經理，和該團隊的衆頭目，都是向相熟親友人脈銷售起家，對 cold call 技巧的認識甚微。問他們有甚麼建議，往往都只是「努力點」、「有信心就行」、「if you think you can，you can ！」這類阿媽是女人的回應。

唯有發展一套屬於我自己的方法。

倚賴 warm market，好處是熟人對你已有基本信任。

但市場局限，是一個危機。

假設你有 100 個熟人名單，好像很好吧？但往往能約見的人，能超過一半已經很好。一般打工仔，通常保持見面聯絡的，往往不出二三十人。另外大部份，都是至少幾年無聯絡無見的人，忽然聯絡他們介紹產品，不但他們覺得怪，你自己也覺得怪。

「能約見」又未必等於「真的約到」。

此話怎說？

假設你能約見的親友圈，有 50 人，但約見總有先後次序吧？

先約見的，假設有些接受你的推銷，有些不接受，甚至反感。

反感的會怎樣？親友圈的人，好多時都是互相認識的，反感的會互相通知：「小心呀，阿強（即是你）最近做了保險 / 傳銷呀，小心會 sell 你！」

人是很現實的，過往稱兄道弟的，一感到可能被你推銷，便會婉拒你的邀約。於是熟人市場燃損的速度，遠快過你想像！

能約見的 50 人名單，我假設有一半終於約得到，即是 25 人。樂觀點，就假設一半成功銷售吧？即是 12.5 張單。請問，除非是很大金額的大單，12.5 張單，可以讓你在行業生存多久？半年？一年？ sell 完了又怎樣？難道收山不成？

當你開始感到自己的熟人名單買少見少，每見一個人，都會極度拘謹、極度害怕，害怕講一個少一個、怕講錯半句話，太 hard sell 又怕影響關係，太 soft sell 又怕做不到生意。

平日與你談談笑笑，輕鬆自在的親友，見到你忽然緊張兮兮怪怪的，你的介紹和建議，又怎能聽得入耳？

心態上矮人一截，連肢體語言都會不自覺變爲卑躬委曲。試問在這種狀態下，你又怎能發揮得好？

如果掌握了 cold call 能力，假設每天增加三個人面，就像不斷增加無限子彈，你的信心也會大大提升。

擁有了 cold call 能力之後，縱使同樣面對熟人親友，你的自信都會增強。寧買當頭起，他們對你的信任度也會提高。

下一篇文，我會講一些 cold call 心得，順便講上次未講的第二原則——將 objection 變爲 selling point，即是 NLP 的換框(reframing）　，如何用在銷售上。

# Sam 哥講銷售 之 三

上回講到， 我當年做保險 agent，主打 cold call 市場。於是，每日早會完結後，我就閃退到自己案前電話 cold call。通常每朝撥打兩小時，認眞做，無停手。

這段時間，謝絕任何騷擾。包括同事邀請我吃早餐、找我訴苦、講是非、問我心得、閒聊、上司那些心靈雞湯式 motivation talk，一律不理。

甚麼早餐？我返工前一早吃過啦！閒聊甚麼鬼？我來這兒是開工賺錢嘛，爲甚麼要聽你說心事講是非？我已全自動工作了，上司再激勵甚麼鬼？

用我的寶貴賺錢時間聊屁話？你替我交租給錢我開飯嗎？

試想一下，如果你在商場租了舖頭賣時裝，燈油火蠟加上交租。對面舖老闆說有心事不開心，想你落閘閂門，停手不做生意，每天用寶貴時間聽他訴苦，你還理不理他？別傻了！

正宗神阻殺神，佛阻殺佛，誰過來騷擾我也無情講。

我連廁所也一早清個乾淨，這兩小時，屁股絕不離開座椅，倒好水，集中精撥打電話。

focus！ focus！ focus！

每天開始，我準備基本講稿、幾個常見的 handling objection 提示稿，兩三張 A4 紙，寫滿 90900000、90900001、90900002……的手機號碼，寫滿數百個號碼，逐個致電去。

無人聽的，刪掉，下一個；cut 線的，刪掉，下一個；無禮貌的，我掛斷他電話，刪掉，下一個。

這些統統零婉惜，全部都沒有成本嘛！有甚麼好婉惜？

一定會有人問：如何應付挫敗感？

基本上，這是一條蠢問題，愈處理挫敗感，挫敗感就愈會滋生。

我時間寶貴，TM 的沒空處理挫敗感！下一秒立即撥打下一個電話，哪有時間挫敗？

對方肯接聽的話，用最精神，最開朗嘅聲線講：

「早晨！我姓 __，我係 ____ 公司打嚟。如果有個方案，可以減低你嘅保險成本，增加你嘅經濟效益。用 15 分鐘同你見面講解，通常上晝定下晝嚟拜訪你方便啲？」

( 早安！我姓 ___，我是代表 ___ 公司來電的。如果有個方案，可以減低你的保險成本，增加你的經濟效益。用 15 分鐘跟你見面講解，

通常上午還是下午較方便拜訪面談）

（其實這套稿，我當初都是隨便寫，你們可以任意修改。不過請緊記，要以吸引前題開始、二選一爲結尾。電話只是 make appointment，切忌介紹任何產品）

有些人會在這兒掛斷你電話，不用婉惜，刪掉，立即撥打下個電話。

留低的人，不外兩種反應：

1. 好順利的人

爽快回答你上午或下午，隨即約實時間地點。有無這種人？有！我遇過，亦成功簽單，可惜不多，間中一個半個。

2. 有 objection

objection 來來去去也是那幾個理由，不外乎無興趣、已買了、無錢、無時間、有朋友做保險，諸如此類。

在此介紹前文提過的第二原則：

將 objection 化爲 selling point，用上的技巧，是 NLP 裏面的換框法（reframing）。

意思是將一些事情，重新賦上定義。

（至於如何在情緒治療上使用換框法，另文再述）

很多人使用換框法，效果不理想，因爲忽略了重要一步——trance（有人譯做「恍惚」、「入神」、「定神」狀態），即是接近催眠，但只是維持短暫，甚或短至一兩秒，類似當機的狀態。

這個時候，他的潛意識會短暫打開，趁機輸入暗示或指令，是最易成功的，我稱爲 mind hacking。

最好用的方法，是使佢錯愕。例如講一些令他愕然，又刺激好奇心的說話。

舉個例：「無錯，呢個就係我搵你嘅原因啦。**（無錯，這就是我找你的原因了）**」

這句話幾乎百搭，既截斷對方思路，又令他錯愕，引起好奇心。

你發覺客人任何 objection，都可以用這句駁上去。

「保險，我買咗啦。**（保險我已買了）**」
「無錯，呢個就係我搵你嘅原因啦。**（無錯，這就是我聯絡你的原因了）**」

或者：

「我身邊大把人做保險，我又唔識你，我要買使乜搵你？（**我身邊很多人做保險，我又不認識你，為何要跟你買**）」

「無錯，呢個就係我搵你嘅原因啦。（**無錯，這就是我聯絡你的原因了**）」

又或者：

「我好忙，無時間見你。（**我很忙，沒時間見你**）」
「無錯，呢個就係我搵你嘅原因啦。（**無錯，這就是我聯絡你的原因了**）」

下一句，立即再接上你準備好，因應每個常見情況，所預備的 model answer，然後立即約時間地點。

我有沒有一系列自家的 model answer ？當然有。有效，而且保證你從未見過。

# Sam 哥講銷售 之 四

上文提要，我做保險經紀，每朝早就坐在自己座位撥打 cold call。

有一個永恆的問題，由當年到今日，每次提起 cold call 總會有人問。甚至我懷疑，你閱讀我這篇文章，一樣會問我的方法「打一百個電話有幾多個成功呀？」

Sorry，我又要跟大家講，這條也是一條蠢問題。

何解？

泰臣一拳可以打死人，是否代表你也可以？

我把對答練得滾瓜爛熟，平均每天打 200 個陌生電話，可以約到 3 個客人見面，是否代表你也可以？

與其花時間精神，去質疑個方法是否可行，不如用同樣的時間精神，將自己的功夫操練得爐火純青，提高勝算。

我只可以保證，你不開始，就永遠不會成功。

這一篇文，主要想講處理異議（handling objection），尤其是邀約客人面談的 objection。

大部份初學銷售的人，對於 handling objection 有一種過度迷戀。以爲憑神奇的口才，可以硬把死馬醫活，曲扭爲直。

即是以辯論的思維，去處理客戶的異議。

如果在法庭，可以。但如果放在銷售，就大錯特錯。

所謂辯論，即係你與對方立場是對立位置。你要用盡所有方法，駁斥對方論點。令對方所有論據，站不住腳。甚至如果這是中學辯論比賽，你不妨帶點驕縱態度，刺激對方發火，引對方出錯。

但如果在銷售就是壞事，對方感應到你的對立味道，已經關上耳朵，更何況你打算駁斥對方？對方面子受傷之下，你所講的說話更加全部聽不進去。

有人說：「不是呢，我試過罵客人，罵完客人不單止簽單，而且禮數有加。」

是有可能的，我有時也會罵，你段數高就行。但初學者未掌握火候，不建議這樣做。

記住，銷售不是辯論。

那是否要卑躬屈膝推銷？更加錯。

愈卑躬屈膝推銷，愈令對方引起疑心，覺得你的產品，是否隱藏了甚麼古靈精怪問題，繼而心中貶低你的人格。

所以，我從來不會用「阻你兩分鐘」、「你唔幫襯我，我會俾人炒魷魚 (**你不光顧，我就會被裁員** )」，這類施捨乞憐的口吻，跟客戶溝通。

太嚣張太驕縱令人厭惡、太搖尾乞憐也令人鄙視，所以，用平等地位的心態，跟對方對話即可。

雖然，如果交易成功，你可以從對方身上賺錢。但同樣地，他一樣可以獲得有利他的產品跟服務，幫助解決生活上某些問題、創造某些價值。sell & buy，只是條件交換。

所以，並無所謂誰在關照誰，大家地位均等。

正如第一篇所講，我們並非每一個 objection 都需要處理，除非你確定已經燃點對方欲望。否則，一切都是浪費子彈。

假設，你已經燃點對方欲望（如果可以減你保險成本，提升你經濟效益），若然對方並非立即掛斷電話，反應通常只有兩個：

1. 順利，可以即時約時間地點
2. 有 objection

記住，你並非要駁斥他的 objection，而是將 objection，化爲有利於你的 selling point。亦即係上次所講的換框法（reframing）。

毛澤東所講的「沒有資產就是最大資產」，就係將 objection 化為 selling point 的典範。

記得上次教的 trance 金句嗎？

「無錯，呢個就係我搵你嘅原因啦。( 無錯，這就是我聯絡你的原因 )」（有時連這句也不用），然後再加你設計的 model answer，然後立即約時間。

例如：

**1. 我無時間見你**

無錯，呢個就係我搵你嘅原因啦。
+
正正由於你時間寶貴，所以約一個你方便嘅時間。**( 正正由於你時間寶貴，所以約你一個方便的時間 )**
+
如果可以幫你減低保險成本，提升你經濟效益，用 15 分鐘講解，通常上晝拜訪你抑或下晝方便？

放心，傾完 15 分鐘，如果你覺得想知多啲（別提「有興趣」），先傾落去。如果覺得唔適合，可以立即終止會面，唔會浪費你時間。通常上晝嚟拜訪你定下晝方便？

( 放心，談了 15 分鐘後如果你想了解多點才繼續，否則可以立即終止會面，不會浪費你時間。通常上午還是下午拜訪較方便？）

**2. 我無興趣喎**

無錯，呢個就係我搵你嘅原因啦。

+

我哋明白興趣好重要（**我們明白興趣很重要**），而同時減低成本增加效益都好重要。

+

如果可以幫你低保險成本，提升你經濟效益，用 15 分鐘同你講解，通常上晝嚟拜訪你定下晝方便？

**3. 我大把朋友做保險，我又唔識你，要買保險使乜搵你？（我身邊很多人做保險，我又不認識你，爲何要跟你買）**

無錯，呢個就係我搵你嘅原因啦。

+

正正由於我唔識你，所以你對我無任何人情包袱（留意，人情包袱是 key words），你唔需要因爲俾面而幫襯，你可以選擇眞正對你有利益嘅方案。（**正正由於我不認識你，所以大家沒有人情包袱，你不必爲了情面而光顧，可以選擇眞正有利於你的方案**）

+

如果可以幫你減低保險成本，提升你經濟效益，用 15 分鐘同你講解，通常上晝嚟拜訪你定下晝方便？
（我就是這樣約到某私家醫院的醫生簽單）

**4. 我買咗保險啦（我已買了保險）**

無錯，呢個就係我搵你嘅原因啦。
+
你係一個非常之有計劃嘅人，今次嘅方案，就係俾一 d 有計劃嘅精明人士。**（你是個非常有計劃的人，這次的方案，就是設計給一些有計劃的精明人士）**
+
如果可以幫你減低保險成本，提升你經濟效益，用 15 分鐘同你講解，通常上晝嚟拜訪你定下晝方便？

**5. 我上下晝通常都唔得個喎（我上下午通常也不行）**

咁即係晚上好啲？如果晚上八點，你今個星期三定星期四方便？**（那麼即是晚上較好？如果晚上八時，你這個星期三還是四較方便）**

**6. 你點解有我資料㗎？（為甚麼你有我的資料）**

我無你資料㗎，我今朝由 9090xxxx，打 cold call 打到你已經第 356 個，係咪好勤力呢？

如果可以識到一個咁勤力嘅朋友，兼且仲幫你減低保險成本，提升你經濟效益，用 15 分鐘同你講解，通常上晝嚟拜訪你定下晝方便？

**（我沒有你的資料，我今早按電話清單撥號，撥到你已經是第 356 人，是不是很勤力喔？如果可以結識到如此勤力的朋友，而且能替你減低保險成本，提升你的經濟效益，用 15 分鐘向你講解，通常上午還是下午較方便？）**

那次我在電話如此回答，對方笑了出聲，表示想認識我，見面原來是廣告公司女高層，後來大家成爲朋友。

你可以根據上述教的思路，再創作屬於你的 model answer。

愈做得多，你會愈來愈爐火純青，出神入化。十分好玩，非常過癮！

稍後再談第三原則：偷取主導權。

# Sam 哥講銷售 之 五

電影《東邪西毒》當中，歐陽鋒說過：「喺我帶佢（洪七）去見嗰班村民之前，我幫佢買咗對鞋，一個刀客有著鞋同無著鞋，價錢可以爭好遠。**（我帶洪七見村民前，替他買了一隻鞋，一個刀客有沒有穿鞋子，價錢可以相差很遠）**」

「乜你哋覺得十両銀呢個價錢好貴咩？咁你哋可以搵幾個平啲㗎。呢，嗰邊有幾個，無著鞋嘅，你俾幾両銀佢哋已經好開心。**（怎麼你們覺得十兩銀這價錢很貴嗎？你們可以找個便宜的。那邊的，沒有穿鞋的，付他們幾兩銀已經很高興）**」

「但係一個人如果連鞋都無得著，你哋對佢有信心咩？萬一佢哋失咗手，俾班馬賊知道係你哋指使嘅，你估啲馬賊會對你哋點？**（但是一個人如果連鞋子也沒有，你們對他有信心嗎？萬一他失了手，馬賊知道是你們指使的，你猜猜馬賊會怎樣對你們）**」

「我唔敢話我呢位朋友，武功好過晒佢哋。但我而家講緊嘅，係你哋一家大細廿幾口嘅安全。至少嗰呢方面，你哋都應該相信一個有著鞋嘅人啦係嘛？**（我不敢說我這位朋友，武功比那些人好。但我在說的是，你們一家老幼二十多人的安全，至少這方面，你們應該相信一個有穿鞋的人是嘛？）**」

Sam 哥分析：

歐陽鋒先了解市場其他競爭者「無鞋穿」的弱點，然後爲自己代理的產品（洪七）製造差別。進入 selling 時，並沒有跟客人爭辯價錢問題，甚至指不介意客人可幫襯其他收費較平的行家。

然後巧妙地將「收費平」、「無鞋著」、「容易失手」幾個元素掛勾，再帶出若然失手，引致村民二十多條人命傷亡的嚴重後果。

他更解除客人對貴價的質疑、將 objection 化爲 selling point。然後貶抑平價對手的競爭，再引發客戶的恐懼。流程十分 smooth，堪稱教材。

# Sam 哥銷售 之 六

上次談到做 cold call，如何處理約見客人的異議。

有網友私訊我問，如果客戶堅持不願約見，要求你把資料寄給他看，怎麼辦？

我的大原則是——不寄。

千萬不要天真，以爲「寄了資料（leaflet），如果他看完有興趣也會聯絡我」。

別傻了，你自己試試走出街，尤其商業區，你猜你一天可以收到多少 leaflet ？火鍋店、足浴店、眼鏡舖、教會傳單、政治文宣，有多少你眞的會看？接到你也隨手扔掉啦。

你寄完資訊還跟進不跟進？不跟的話，你寄來幹甚麼？跟的話，你要跟進多少次才約到見面？

我不如馬上找另一個爽快的客人更好啦。

你可以試試這樣處理：

「你把資料寄給我先看看吧。」
「好呀，你想要年期長還是年期短？大 budget 還是細 budget ？高風險抑或低風險？」

通常不出兩種反應：

1.「呀……」即場當機啞掉。
「非常好，你終於明白點解係需要約見。如果可以減輕你保險成本、增加經濟效益，用 15 分鐘見面，上晝拜訪你定下晝拜訪你方便？（非常好，你終於明白爲何要約見。如果可以減輕你保險成本、增加經濟效益，用 15 分鐘見面，上午還是下午拜訪你較方便）」

2.「你全部寄晒嚟啦！**（你全部都寄過來啦）**」
「send 晒俾你梗係可以啦，不過我諗你睇完都唔止 15 分鐘啦。如果可以減輕你保險成本、增加經濟效益，用 15 分鐘見面，上晝拜訪你定下晝拜訪你方便？**（全部寄你當然可以，不過我想你看完也不止 15 分鐘，如果可以減輕你保險成本、增加經濟效益，用 15 分鐘見面，上午還是下午拜訪你較方便？）**」

如果仍然不願意，隨得他，再糾纏也無意思。

「非常好，我都明白大家時間寶貴，第日有機會再傾啦，拜拜。」輸人不輸陣。

記住，你的任務不是要辯贏對方，只需要尋找適合的客人。

回到今日主題——偷取主導權。

天下間任何談判，無論係政治談判，或者簡單到日常銷售，只要主導權在手，通俗點說即是牽住對方鼻子走，就會掌握最大優勢。

如果你談來談去成效都不理想，你要留意，有沒有被人牽住鼻子走？

大部份的人，會如何取主導權？就是用最無效的方法「聽我講埋先！(**先聽我說完**)」，甚至直接打斷對方說話。

爲何無效？

對方說話時，無論在發表見解，抑或流露情緒，你截斷他，一來扼殺自己套取情報的機會，二來他感到不被尊重，好容易就會關下閘門。

那麼應該怎樣做？善用好奇心，對方就會將主導權乖乖交到你手上。

多年前有套美劇《Lost》，講述一班飛機失事的乘客流落荒島。

其中一段，主角俊男醫生 Jack，經歷千辛萬苦，終於有機會，用槍指着大反派 Ben。Jack 情緒非常激動，眼前只要一扳機，就可以替多位被 Ben 害死的好友報仇。

如果你是 Ben，身上無任何武器，現場亦無同黨幫手，如何憑三寸不爛之舌脫險？

讀下去之前，給你一分鐘時間，停一停，想一想。

好，時間到。

大多數人會講「不要殺我」。

又是蠢蠢蠢蠢蠢。

何解？一個想殺你的人，你叫他別殺你，無疑站在他對立面，反而更加增強他殺你的決心。

Ben 怎樣講？

「你殺我之前，我帶你去一個地方，該處可以解答你心入面，一直解不開的謎團。」

Ben 非常聰明，他了解到 Jack 無即時開槍，即係縱使他如何痛恨 Ben，仍然猶豫不決，未下定決心殺 Ben。只要應對得宜，仍可以解決危機。

我們分析一下 Ben 的語言結構。

（其實由第一篇，我教大家的都是語言結構。）

你殺我之前（並非採用對立式語言，順着對方意向，而只是毋須急於一時。）

我帶你去一個地方（拖字訣，而且將對方焦點帶離現場，有助抒緩對方情緒。）

那兒可以解答你心入面，一直解不開的謎團（刺激對方好奇心，如果我死了，你一世都解不開謎團。）

Jack 仍然用槍指住 Ben，但態度已經放軟，明顯已經被好奇心戰勝：「好，你帶我去。」

Ben：「好，我帶你去，那地方距離這兒大概四里路程。」

好，我帶你去（順着對方意願，並模仿對方語句，製造共鳴感。）
那地方離這兒大概四里路程（既然已經答應暫時不殺，再要求他去遠一點的地方就比較易。銷售學之中，先提出小要求，對方答應後再提出大要求，成功率會比一開始提出大要求高得多。）

Jack 已不自覺地，被 Ben 牽住鼻子走，主導權已經被 Ben 偷走了。

四里哦，兩個人荒山野嶺行數小時，天又快黑，無數的機會逃走啦。

最後，Ben 又的確逃掉了。

善用「偷取主導權」，就可以扭轉劣勢。

# Sam 哥講銷售 之 七

上文講到「偷取主導權」。

怎樣應用在銷售上面？

N 年前，我代表某銀行，打電話推銷醫療保險。

有個客人，我跟他講完表示願意投保。我入好了資料、讀過聲明，辦好所有正式手續，只欠一句「多謝投保，日後有新優惠再通知你吖」，就可以收線。

忽然，對方電話那邊傳來一把聲音：「邊個打嚟？（**誰打電話來**）」

「無，銀行打嚟 sell 保險之嘛。（**無，銀行打來推銷保險**）」

「__ 你老 __ ！保險都好買嘅？收線啦！（**幹你娘，買甚麼保險，快掛線**）」

然後，個客同我講：「sorry 呀黃生，我都係唔買啦。（**對不起，我不買了**）」

由於個客表達了不買的意願，如果我強行入電腦投保下單，會違反專業操守被取消牌照。何況入了也沒用，客人一樣可以打電話去客戶服務部取消，做了也是白做。

換作是你，你如何處理？

留意，只要你講錯半句說話，客人會卽時掛斷電話，你前面所有努力馬上化爲烏有。

情況就好像上一篇文章，Jack 要殺阿 Ben，Ben 只要說錯半句，就會刺激 Jack 卽時開槍。

試試循 Ben 脫身的方法，想想如何偸取主導權，扭轉形勢？

老規矩，繼續讀下去前，停一分鐘，花時間想一想。

好，時間到。

多年來，我問過很多人，聽過的回應，不外乎幾個：

1. 貶低他朋友——必死。他朋友可能結識了十年，你只不過認識他十多分鐘，貶低他朋友卽是踐踏他尊嚴，必遭反彈。

2. 低聲下氣求他——必死。對方已經想走，你還用乞求姿態，等於自降身價，你講說話的權威性馬上毀滅。

3. 跟他分析——必死。他正在陷入非理性狀態，跟他邏輯分析，那會聽得進去？

4. 寄他資料 / 叫佢考慮一下——必死。好，他就是說先看完資料 / 考慮一下再覆你囉？我保證，你放他走，這張單你這世也做不到。

我用了三分鐘時間處理，不但令他朋友說話再無說服力、成功 closing、客人還要多謝前多謝後。

之後我再跟客服核對，客人的保單沒有取消。換言之，就算我掛線，那位局外人再說任何話，也產生不到作用。

在繼續分析之前，我們檢視一下，現階段，我們搜集了甚麼情報？

客人其實並不十分堅決，堅決就講完直接掛斷電話啦。現在仍然有轉圜餘地。

客人既然跟我講 sorry，即是心理上覺得對我有若干程度虧欠。只要我跟他不是對立位置，要求他聽我再多說幾句應該不難。

個客很易受人影響，既然這樣，即是我可以重新影響他。

首先，我用 smiling tone（微笑語調）：「明白嘅，我都聽到你朋友嘅說話。買保險嚟講，有時聽吓朋友意見都好合理。喺你收線之前，可以問你少少意見吖嘛？**（明白的，我也聽到你朋友的話，買保險來說，有時聽朋友意見也很合理，在你收線前，可否問你少少意見嗎）**」

「好呀，你問吖。**（好，你問吧）**」

「想請問你，你剛才想買，其實係基於咩因素？（**想請問你剛才買保險，是基於甚麼因素**）」

「我都想保障屋企人嘅。（**我想保障家人**）」

「嗯，非常好，你都同意保障屋企人好重要。其實只要符合一件事，你呢份單根本唔使買。（**非常好，你也同意保障家人好重要，其實只要合乎一件事，這份保單根本不用買**）」

「咩事？（甚麼事）」

「你朋友叫你唔好買吖，你估佢願唔願意，爲佢呢句說話負責任？（**你朋友叫你別買，你猜他是否願意，爲這句說話負責任**）」

「咩意思？（**甚麼意思**）」

「如果日後你有咩事，佢願意幫你負責晒所有醫藥費、手術費、佢願意出錢養你全家、佢願意出糧俾你、佢願意幫你埋供樓、幫你養妻活兒，咁呢份單你眞係唔使買喎。係呢，根據你對佢了解，你估佢願唔願意，或者有無能力，幫你承擔晒咁多嘢？（**如果日後你有甚麼事，他願意爲你負責所有醫藥費、手術費、出錢爲你養家、發薪水給你、替你供房、代你養妻活兒，那麼這份保單的確不用買。對了，根據你對他的了解，你認爲他是否願意，或者有沒有能力，爲你承擔上述的事情？**）」

「呀……梗係唔會啦。（當然不會啦）」

「咁張單，我照幫你入無問題吖嘛？（這張保單，我繼續替你處理沒問題吧）」

「咁好啦，唔該晒你呀！（**那好，非常感謝你**）」

搞定！

我剛才做了甚麼？

1. 明白嘅，我都聽到你朋友嘅說話（**明白的，我也聽到你朋友的話**）——講一些雙方同意的事實，先穩住對方情緒，NLP 稱爲「同步」。

2. 買保險嚟講，有時聽吓朋友意見都好合理（**買保險來說，有時聽朋友意見也很合理**）——對方以爲我會挽留，我偏不挽留，而且製造一個願意順勢放他走的感覺。一來讓他放下戒備，二來製造錯愕，跌入一個前文有提過的 trance(恍神) 狀態，他的潛意識就會打開。

3. 喺你收線之前，可以問你少少意見吖嘛？（**在你收線前，可否問你少少意見嗎**）—— 他對我有虧欠情緒，見到我只提出很微小的要求，自然不會拒絕。而且引起了他好奇心，究竟我想問艱甚麼？

4. 想請問你，你剛才想買，其實係基於咩因素？（**請問你剛才買保險，是基於甚麼因素**）—— 引導客人自己說服自己，而且我不用「爲甚麼」，因爲「爲甚麼」往往有質問味道，用「基於甚麼因素」就相對舒服。

5. 嗯，非常好，你都同意保障屋企人好重要（**非常好，你也同意保障家人好重要**）—— 套用客人自己的字眼、價值觀去跟他溝通，製造共鳴感，容易入耳得多。

6. 其實只要符合一件事，你呢份單根本唔使買（**其實只要合乎一件事，這份保單根本不用買**）—— 再度引發好奇心，究竟是甚麼事？

7. 你朋友叫你唔好買吖，你估佢願唔願意，爲佢呢句說話負責任？（**你朋友叫你別買，你猜他是否願意，爲這句說話負責任**）—— 三度引發好奇心，講句說話也要負責任？

8. 如果日後你有咩事，
佢願意幫你負責晒所有醫藥費、手術費、
佢願意出錢養你全家、
佢願意出糧俾你、
佢願意幫你埋供樓、幫你養妻活兒，
咁呢份單你真係唔使買喎。係呢，根據你對佢了解，你估佢願唔願意，或者有無能力，幫你承擔晒咁多嘢？
（**如果日後你有甚麼事……爲你承擔上述的事情？**）
—— 熱度去到臨界點，正式發動攻擊。而且運用排比句，加強威力。

9. 咁張單，我照幫你入無問題吖嘛（**這張保單，我繼續替你處理沒問題吧**）—— 此刻不 closing 更待何時？

# Sam 哥講銷售 之 八

關於「不要說服別人」，我仍有一些補充。

除了前文提及「引導對方說服自己」之外，尚有另一可行之法，比起「說服別人」有效，這個方法是「影響別人」。

兩者有甚麼分別？

「說服」有一種「我的想法比你好」的味道，直接點說，即是「我對你錯」。

老實說，天下間有甚麼人喜歡被人證明錯？他一關上心閘，你講的話再有道理，他也聽不進去。

何謂「影響」？

意思就是，了解對方現時持有甚麼想法？想法背後有甚麼價值觀？然後根據他重視的價值，提供另一個方案。

以下有兩個例子。

有一次，我訓練一班有志宣揚理念的人，加強他們的演說能力。

當日場地是九龍公園，因爲我想他們眞實體驗一下，面對公眾的感覺，亦隨時有接受公眾質詢的準備。

其中一位學員講完他的理念，進入答問環節，有人質詢他：「你們這些人有再多的理想也無用，整天粗言穢語，教壞我的子女！」

一般人會如何回應？

我見過無數自命激情、自命有道理的政治熱衷者，會跟對方激辯：「說粗話不代表是壞人！」、「斯文人不少也是敗類！」、「你這些就是左膠死港豬！」下刪一萬字。

跟對方糾纏「講不講粗話」，根本無意思，放錯了重點。他確實有權把你 sidetrack(岔開話題)，你又被他岔到了，即是你的功夫不夠好。

而且，最蠢的地方，是一大堆「我對你錯」式情緒發洩，就算被你駁得對方無法反擊又如何？對事情有無幫助？無，更加推多一個人去對立面。

所謂「拗贏無錢，拗輸無面」(**辯贏沒好處，輸了沒面子**)，就是這種。

那位學員剛好陷入這類糾纏，我見勢色不對，示意由我接下去。

以下是我的出招，加上解說。各位請撇開政治主張，只從技術層面探討。

1. 呢位太太，如果有人講粗口，而令你覺得影響你嘅小朋友，令你好憤怒，我恭喜你（製造錯愕加好奇，令對方陷入前文提過的

trance 狀態）

**(太太，如果有人講粗話，令你覺得影響你子女，令你憤怒，我恭喜你)**

2. 因爲你仲係一個有感覺嘅人（再次加強好奇、變相稱讚對方、兼令她感到情緒受尊重）

**(因爲你仍是一個有感覺的人)**

3. 我明白你好關心子女（肯定背後價值觀），而家做父母好唔容易（肯定她的身份、嘉許她的努力）

**(我明白你很關心子女，現在當父母不容易)**

4. 如果影響到你子女，你會好憤怒，咁要你子女每日飲鉛水，影響佢哋腦部發育，你憤唔憤怒？如果影響到你子女，你會好憤怒，咁每日引入大量新移民，同你嘅下一代搶奪資源，你憤唔憤怒？如果影響到你子女，你會好憤怒，咁政策傾斜，令你嘅子女將來莫講話買樓結婚，甚至租間劏房都好吃力，你又憤唔憤怒？（用排比句，順應她的價值觀，提供另一個視野）

**(如果影響到你子女，你會好憤念，那麼你子女每天飲鉛水，影響他們腦部發育，你憤怒嗎？如果影響到你子女，你會憤怒，那每天引入大量新移民，跟你的下一代搶奪資源，你憤怒嗎？如果影響到你子女，你會憤怒。那麼政策傾斜，令你的子女將來莫要說買房結婚，連租住「雅房」也吃力，你又憤怒嗎？)**

5. 如果可以令你嘅下一代，生活喺更加好嘅社會，先唔好講支唔支持，起碼值唔值得你關心？值唔值得你知多啲？
（我伸出手，以示握手，望着她雙眼，微笑點頭，帶動她的潛意識。她好自然地向我點頭握手回應：「值得。」）

**(如果可以令你的下一代，生活在一個更好的社會。先別說是否支持，起碼值得你關心對吧)**

另一個例子，我運用相同原理，向一個保險人示範如何做 recruiting (招募經紀)。

他覺得要介紹一個有穩定工作的人，放棄現時工作，跟他入行做保險很難，於是我跟他做了兩次 role-play。

第一次，他飾演自己（保險人），我飾演一個文員，他要 recruit 我。

佢：「係呢，對你嚟講，一份工作咩係最重要？**(對了，就你而言，一份工作甚麼最重要？)**」

我：「工作穩定、收入穩定囉。」

佢：「其實你咁後生，有無諗過有更加大嘅發展？保險係一個好大發展行業……**(其實你這麼年輕，有沒有想過有更大的發展？保險是一個很大發展的行業)**」

我:「吓！做保險好唔穩定喎！你咪搞我！**(做保險很不穩定的，別找我)**」

佢：「噢……」

第二次 role-play，調轉角色，我飾演保險經理，負責 recruit 他。

我：「係呢，對你嚟講，一份工作咩係最重要？**（對了，就你而言，一份工作甚麼最重要？）**」

係：「工作穩定、收入穩定囉。」

我：「係呀，作爲打工仔，呢啲係好緊要。**（對，身爲上班族，這些很重要）**」（肯定他的價值觀）

佢：「對呀。」

我：「你覺得如果俾你揀，出幾多錢糧、幾時加人工、幾時升職，你老細話事好，定係俾你自己話事好？**（你覺得如果讓你選，出多少錢薪水、何時加人工、何時升職，由老闆說了算，還是由你掌握較好）**」（引導式提問）

佢：「梗係自己話事好啦！**（當然自己掌握較好）**」

我：「原因係……？」（加強佢動機）

佢：「因爲 xyz（成功引導他自己說服自己，下刪一萬字）。」

我：「咁你都好有上進心喎（再次肯定他），如果我有個方案，可以協助你，出幾多錢糧、幾時加人工、幾時升職，由你自己話事，你會唔會想知多啲？**(你十分有上進心，如果我有個方案，可以助你掌握，自己出多少薪水、何時加人工、何時升職，由你自己決定，你會不會想了解多點？)**」

佢：「想呀！」

如果他答沒有興趣做保險怎辦？

「我明白，出嚟做嘢興趣係好重要（尊重佢感受）。如果做一啲無興趣嘅工作，而可以攞到有興趣嘅回報同前景，咁你有無興趣？（不要停，繼續問）相反，日頭份工，有幾多真係你興趣？**(我明白，出社會工作興趣很重要。如果做一些無興趣的工作，卻可以換來有興趣的回報及前景，那麼你有興趣嗎)**」

See？摸通了原理，是不是非常好用？

# Sam 哥講銷售 之 九 完結篇

今天聽到有位從事保險的朋友問，cold call 約客人，如何減低對方爽約的機會？是否愈容易約到的客人，爽約率愈高？

首先，容易約的客人，並不代表容易爽約。容易約，可能只是對方性格爽快。

至於爽約，我們要明白，世界上總有些缺德的人，打從開始就在敷衍你，這類人你再好技巧都無法改變。唯有儘早把他們辨認出來，早點放手，別再投資時間精神在他們身上。

舊派的激勵書籍，總有這些「某某推銷員約見某某客戶，被拒一百零八次，終於第一百零九次誠意打動到對方光顧，後來成了 top sales」心靈雞湯式故事。

我不排除世上，眞的有滴水穿石這回事。而同時我們無法知道，書中這類故事有多少是事實，有多少部份被浪漫化。我只知道，如果每個 cold call 對象，你也無止境、無底線地投放時間精神，你會好快會兩腳一伸。

撇除缺德的人，客人爽約通常基於兩種因素：

1. 不記得
2. 不重視

（當然亦可能兩者皆是）

不記得就很簡單，見面之前一天提醒他就行，以下我會跟大家講解怎樣做。

至於不重視，可以是不重視這件事，也可以是不重視你的時間。（當然亦可能兩者皆是）

不重視面談，通常是基於你之前約見他的理由不吸引。例如「我哋公司有個新計劃（**我們公司有個新計劃**）」，老實說，你公司有個新計劃，關我鳥事嗎？

如果改為「協助你減低保險成本，增加保障效益」，跟我愈有切身關係的事，吸引力就會大增。

不重視你的時間，這個跟不尊重有關。通常愈卑躬屈膝的 sales，愈得不到客人尊重。當然，「不卑躬屈膝」，並非等於要驕橫跋扈。

如何不亢不卑地約見，又減少爽約率？

1. 很多銷售人員，有句極差的慣用語，約完日期時間地點，會加句「到時再 confirm 你」（**到時再跟你確認**），這句說話要戒。你跟他約時間那一刻，已經就是 confirm 了嘛！那句說話，暗示了約會仍未 confirm，會大大增加他赴約的變數。

2. 約好日期時間地點後，建議臨掛線時講「我哋攞個 Diary 出嚟，一齊 mark 低吖（**我們拿日程表出來一起記下**）」、「由於大家都要安排時間，如果有變動，請早少少通知我」。掛線後，補多一個 whatsapp。

3. 見面之前那天，send whatsapp，時間、地點，追加一句「明天見」。

4. 當日出發前，致電對方。記得，只是打招呼，說明你甚麼打扮，如何相認之類，並非「confirm」，你一早已經 confirm 好了。

當年我做銷售經紀時，用了這幾招，爽約率大大降低。

當然，一樣米養百樣人，有些人缺德到一個地步，遲了半小時才撥通他的電話，說還有一個街口就到，然後終生人間蒸發，這我也遇過。這種人，把他打入黑名單就對了。

# 跋

不經不覺，完稿付梓之際，已踏入 2024 年最後一個月。

我不打算問大家這一年過得怎樣，因爲 1 月至 11 月都已經成爲過去，如人飲水，冷暖自知就夠。亦不打算問大家有什麼新年願望，因爲願望只是願望，大家講「恭喜發財」講了這多年，都知道如果只停在願望層面，幫助不會很大。

心理學有一個「死線效應」，原來人在面臨某種心理上的終結或新開始時，都會格外有動力，爲自己完成一些心願，又或者告別一些舊狀況。例如踏入 29 歲、39 歲、49 歲最多人突然參加馬拉松、創業或環遊世界等等。

歲晚新年，潛意識中也是強力的「新開始」或「終結」，適宜自我植入正面改變訊息，爲人生帶來一些突破。可是當你讀到這段文字的時候，也許已經離新年很遠。

然而，我們不必拘泥於新年才反思求變。下個星期一、下個月的 1 號、你的生日、任職新工作第一個月、甚至讀到這一頁……我們可以自行創造有獨特意義的新起點，展開新突破計劃。

而所謂突破，也不一定是翻天覆地的事。

許多人訂了目標卻很快放棄，往往因爲一開始就訂得太大，起動門檻又訂得太高。於是很快遇上挫敗感，又或者未開始已放棄。

假設一個極度害羞，沒有信心社交的人，嚮往短期內成爲長袖善舞，渾身散魅力的社交達人，是不現實的。然而，至少明天開始對鄰居講句「早晨」，可能已經是一個很好的開始。

若沒有做運動的習慣，又被廣告吸引，渴望一蹴而就擁有 model 身形，如果第一天操練已催谷到極限，便會很易放棄。不如由輕鬆好玩的運動開始。既享受了樂趣，又不會太辛苦。能力提升了，才逐漸增加難度也未遲。

容易的門檻，就可以輕鬆的開始。

例如原本在 sales team 內經常包尾的人，如果長期目標是想成爲 top sales，雖然會有鼓舞作用，但如果強迫自己短期內做到，往往會因爲難度太高而放棄。

但若然將目標拆細，至少於下一個工作天，請教業績比自己厲害的同事，哪怕只是向學對方多一招銷售技巧，也是好的。

很多做銷售而長期業績欠佳之人，見到業績高手就會敲竹杠：「喂，又跑到業績呀？請大家吃飯啦！」

即使給你強逼人家請飲請食，對方買你怕，成功敲榨到一餐半餐，又有多大獲益？不只討人厭，而且短視。

而我，當年是反轉來做。

當時業績仍長期在谷底，遇見一些銷售高手，會主動請他們賞個面，由我做東一起邀請他們下午茶、吃飯，請教他們心得。

到後來，有些高手，甚至覺得惺惺相惜，已經不需要我請飲茶或者請食飯，都會願意主動來向我分享心得。因爲，識英雄重英雄。

有時不是學習招式技巧，而是學習他們的心態眼界，如何看待世事，已經對我極有裨益。不少自信瀟灑，成就非凡的高人，背後其實有一些特定習慣，透過長年累積無數小突破，形成今天你眼前的大成就。

你有甚麼事情想改變？

個人成長？情緒？人際關係？工作？還是職場上的突破？不需強迫自己成爲另一個人，從微調開始，就可以修改航道。

如果覺得本書的內容對你有幫助，可以關注我的專頁 Facebook：Sam 哥催眠治療手記 / IG：samgor__hypnotherapy。我定期有舉辦各種工作坊以及 NGH 催眠治療師課程，亦可以安排時間作一對一催眠治療，紓解心結。

N
W
E
S

# 黑白心理

## 溝通密碼與催眠治療


作者　　　：Sam Wong
出版人　　：Nathan Wong
編輯　　　：Takki、Nathan
設計　　　：Takki
出版　　　：筆求人工作室有限公司 Seeker Publication Ltd.
地址　　　：觀塘偉業街 189 號金寶工業大廈 2 樓 A15 室
電郵　　　：penseekerhk@gmail.com
網址　　　：www.seekerpublication.com
發行　　　：泛華發行代理有限公司
地址　　　：香港新界將軍澳工業邨駿昌街七號星島新聞集團大廈
查詢　　　：gccd@singtaonewscorp.com
國際書號　：978-988-70099-6-2
出版日期　：2025 年 1 月
定價　　　：港幣 138 元